珠海社科学者文库

凤山楼

聚落考古学视角中的粤东古村落

FENGSHANLOU

THE ANCIENT VILLAGE OF
EAST GUANGDONG
IN THE PERSPECTIVE OF SETTLEMENT ARCHAEOLOGY

吴　敏　著

社会科学文献出版社
SOCIAL SCIENCES ACADEMIC PRESS (CHINA)

远眺凤山楼村

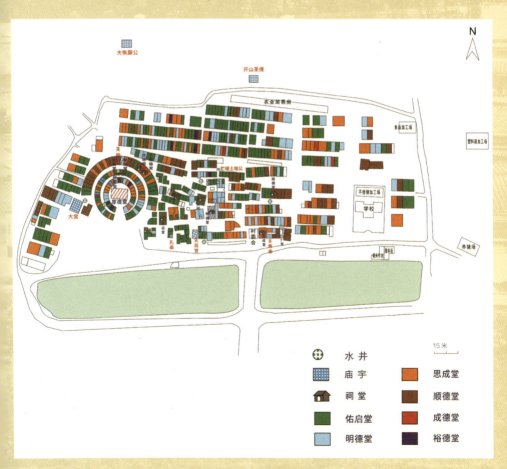

凤山楼村总平面图

晒稻谷

担柴草

牧归

做柴火饭

传统服饰

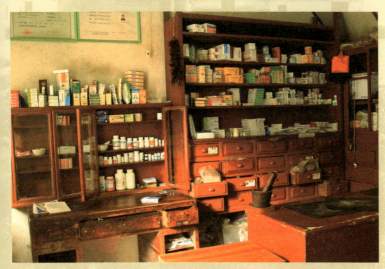

凤山楼村卫生站

正月十五上午，村妇手提篮饭子到沈氏宗祠祭祖

耆老诵读祭文

家家户户的篮饭子盛放祭品，摆满沈氏宗祠

村童手持刀枪剑戟为游神巡境开道

诸神坐轿统一从沈氏宗祠出发，游神巡境开始

正月十五夜，诸神坐轿出宫，安坐在凤山楼场埕接受祭拜

各公派后裔在公派祠堂场埕摆放桌床和祭品，等待诸神到祠堂"站路"

在鹤山祖祠场埕"摆道场"

逝者亲属面向鹤山祖祠跪拜

在逝者屋前空地焚纸叩拜

晾晒在鹤山祖祠的孝衣

在母亲生前住屋内，沈镇清和弟妹为母亲举办"过桥"仪式

用大粿、西瓜等搭建的"桥"

"过桥"仪式的祭品

维笃祖祠石雕

天后宫屋脊嵌瓷装饰

沈氏宗祠木雕

邻德轩木雕

维笃祖祠木雕

维笃祖祠彩绘

邻德轩檐下彩绘

沈炳友（中）指认大
宫石刻文字

沈庆云（左一）逐一
填写房屋调查表

沈瑞发讲述大宫重建
经过

携家带口做调查

村里的孩子是我们的小向导

本书作者与凤山楼村党支部书记
沈锦龙、导师许永杰教授（从左
至右）在凤山楼村合影（刘业沣
拍摄）

目　录

考古学研究古村落的成功尝试
（代序）

中山大学南中国海考古研究中心　许永杰

岭南是我国古村落保存最多最好的地区之一，我从来到中山大学时起，就对这里的古村落发生了极大的兴趣。原因有两个，一个是在黑龙江省考古所服务期间我领衔"七星河流域汉魏遗址群聚落考古计划"项目，另一个是新的工作单位中山大学考古专业是以民族考古学为特色的。做"七星河计划"时，严文明先生曾对我说，七星河流域历史时期的聚落形态可以为认识中国史前时期的聚落形态提供借鉴；到中山大学后，张忠培先生曾对我说，做岭南的古村落调查可以为中国的聚落考古学研究提供民族考古学的参考个案。

其实，对古村落感兴趣的学者不只是考古学家，早在考古学家关注之前，许多学科学者就曾对古村落做过调查和研究，诸如社会学，包括民族学和文化人类学、建筑学、人文地理学、历史学、民俗学等，其中尤以社会学和建筑学为突出。

社会学的古村落研究以费孝通的《江村经济——中国农民的生活》最为著名①，该书成书于 1930 年代末，费孝通以其家

---

① 费孝通：《江村经济——中国农民的生活》，江苏人民出版社，1986。

乡江苏吴江县开弦弓村为研究对象，用经济人类学的研究方法描述了中国农民的消费、生产、分配和交换体系，探讨这一经济体系与特定地理环境的关系，分析导致乡村经济变迁的动因。大约同一时期写成的凌纯声、芮逸夫的《湘西苗族调查报告》①，是又一部名著，作者遍访了湖南凤凰、乾城、永溪三县的村村寨寨，详细记录了湘西苗族的历史沿革、自然环境、经济生活、家庭结构、婚葬习俗、政治组织、土地制度、巫术宗教、歌舞语言、故事歌谣等，在"苗疆的人生地理"一章中，专门辟有"聚落"和"房屋"两节。

建筑学的古村落研究主要是关注村落的民居建筑，1930 年代末，"营造学社"刘敦桢等对西南地区的民居展开调查，1957 年出版《中国住宅概说》②，该书对中国远古至近代的民居做了全面而系统的介绍与研究。2007 年陈志华等主编的《中华遗产·乡土建筑》③丛书 8 册出版，其中包括地处岭南的《梅县三村》，该丛书首先从古村落的人文历史入手，讲述村落建造的历史，再介绍当地的地理地貌，还原建筑的空间环境，最后谈到具体的建筑物，以及建筑的形制与功能。2008 年出版的陆琦的《广东民居》④一书，主要有民居的自然环境、历史沿革、文化宗教、空间形态、建筑分类、建筑风格、建筑技术、装饰手法等内容。

晚近，考古学也开始关注古村落，并涉足古村落的研究。2002～2003 年，福建博物院通过对闽北南平、宁德地区的古民居调查，2006 年出版《福建北部古村落调查报告》⑤，对调查的38 处古村落一一作了介绍，主要包括地理位置、建村沿革、村

---

① 凌纯声、芮逸夫：《湘西苗族调查报告》，商务印书馆，1940。
② 刘敦桢等：《中国住宅概说》，建筑工程出版社，1957。
③ 陈志华、楼庆西、李秋香主编《中华遗产·乡土建筑》丛书，清华大学出版社，2007。
④ 陆琦：《广东民居》，中国建筑工业出版社，2008。
⑤ 福建博物院：《福建北部古村落调查报告》，科学出版社，2006。

内居民、民居祠堂庙宇等各类建筑，并配以村落布局图、典型建筑平剖面图以及各类建筑照片等。在此基础上，该《报告》对村落的营建理念、村落的形态分类、民居的时代特征和类型划分等进行了初步的归纳研究。

2009年，湖南省文物考古研究所对湘西道县濂溪水上的楼田村调查、勘测和发掘，2011年出版《濂溪故里——考古学与人类学视野中的古村落》①。濂溪故里又称楼田村，因是宋明理学的开山鼻祖周敦颐的故里而负有盛名。这是一部以考古学和人类学为本位，以古建筑测绘与考古发掘和人类学古村落调查相结合的田野工作报告。建筑学部分是对现存古民居等建筑的分类、风格和特征记述，以及对建筑内涵的探讨；考古学部分是通过对地面现存建筑的调查，确定村落的布局和民居等建筑的形式，通过发掘业已消失于地面的早期村落遗迹，与相关文献记载互证，重建村落发展脉络；人类学部分是对村落的地理位置、地理环境、周边村落、村落沿革、家族墓地、社会组织、经济生活和生活习俗的调查。

2005年，台湾学者陈玛玲发表了《Saqacengalj 聚落形态与形貌：一个旧社的考古学研究》② 一文。Saqacengalj 石板屋是屏东县排湾族高士村的旧址，作者通过对 Saqacengalj 旧居聚落的考察、与新旧聚落的对比，弄清了村落选址、单体建筑形制、村落布局，在此基础上观察和探讨高士村排湾族的文化传统、经济结构和社会组织。

上述考古学对古村落研究的三个个案中，闽北古村落调查属于区域古村落的研究，濂溪故里调查属于单体古村落的研究，

---

① 湖南省文物考古研究所：《濂溪故里——考古学与人类学视野中的古村落》，科学出版社，2011。
② 陈玛玲：《Saqacengalj 聚落形态与形貌：一个旧社的考古学研究》，《考古人类学刊》2005年第63期。

Saqacengalj 调查属于废弃古村落的研究。考古学应该如何对古村落进行研究，关注哪些内容，选择怎样的古村落为研究对象？为此，我专门考察过珠三角的佛山大旗头村，还专门考察过粤北的南雄新田村和鱼鲜村。大旗头村虽建筑保存完好，村落布局完整，但是由于村内的居民已经迁出，缺少人气，感觉更像是一座古建筑博物馆或者是古村落废墟；新田村和鱼鲜村除建筑保存完好、村落布局完整外，村内的居民仍在村内居住，人气盎然，俨然是古代村落的活化石。

　　饶平凤山楼村与新田村和鱼鲜村属于同一类型，都是那种有村民居住的古代村落的活化石。凤山楼村是沈氏宗族单姓居住的血缘村落，自回迁饶平的南涧公至今，沈氏在此已世居 19 代，《广东省饶平县凤山楼沈氏族谱乡志》等族谱对其家族系谱记述详备，村内的耆老仍然可以为你一一指证每一座民居的主人及族系，每一处祠堂所属的公派。凤山楼村建筑保存完好，建村伊始的宗祠和围楼、扩建的祠堂和民居、新近的公用建筑和民居共处一村，时代风格鲜明。因人口增长需要而进行的村落扩建，有序而行，块状分布，界线明确。民居、祠堂和庙宇等不同功能的建筑空间位置固定，错落分布的空间位置有效地发挥着功能互补的作用，构成了一个生机勃勃的聚落。凤山楼村所在的黄冈河流域是一个相对独立的地理单元，黄冈河发源于饶平县北部大崇坪山麓，自北向南纵贯县境，穿流于浅山丘陵之间，至县境南部石龟头注入南海，流域内的居民有着相同或相近的自然环境和生计方式。凤山楼村是一处理想的聚落考古学研究的古村落。

　　吴敏的《凤山楼——聚落考古学视角中的粤东古村落》一书是考古学视域下对古村落的研究，既是一个以考古学者的眼光考察古村落的民族考古学的个案，又是一个以考古学的方法研究古村落的聚落考古学的个案。

　　聚落考古学是"二战"后出现的一种考古学的阐释方法，

英文 settlement 是栖居或定居的意思，它包括人类活动留在地表的所有栖居痕迹，包括从狩猎采集者临时营地到都市城址在内的所有形态。聚落考古就是利用考古资料对人类栖居方式的考古学阐释。1940 年代，在秘鲁维鲁河谷首次开展聚落考古研究的戈登·威利对聚落形态所下的定义是："人类在他们栖居环境里安置自身的方式。它是指住宅和其排列方式，以及与社群生活相关的其他建筑物的性质和安置。这些聚落反映了自然环境、建造者所拥有的技术水平，以及各种维系其文化的社会互动及控制制度。由于聚落形态很大程度上是由广泛认同的文化需求所直接造就的，因此它们为考古学文化的功能性阐释提供了一个战略性起点。"[①] 在这里，威利首先关注的是民居等各类建筑的空间分布和性质，其次是聚落与自然环境的关系、聚落的营建技术和影响聚落形态的各种社会因素。聚落形态的研究包括历时性的研究和共识性的研究两个方面。循此，在吴敏《凤山楼——聚落考古学视角中的粤东古村落》一书中，我们可以看到如下的相关研究内容。

　　属于历时性的历史演进研究主要是沈氏一族于闽粤两省交接区域的几度迁徙以及凤山楼村的营建和发展历程。沈氏入闽粤始于宋室南渡之际，廷辅公由苏州迁入福建建阳。明英宗或代宗年间，雪涧公由建阳迁入广东饶平，定居沈屋村。雪涧公次子覆云公又自广东饶平返迁福建，定居诏安科下村。明崇祯三年（1630），覆云公后裔南涧公二度自闽入粤。南涧公最初落脚在饶平后头山的山坡上，初居时因村后有一尼姑庵，故该村得名"庵前村"，后因村内建筑多为竹篱茅屋，而得名"鸟仔寮村"。沈氏在鸟仔寮村居住的后期，着手在山脚下营建新村——凤山

---

① 〔美〕戈登·威利：《聚落与历史重建——秘鲁维鲁河谷的史前聚落形态》，谢银玲等译，陈淳审校，上海古籍出版社，2018。

楼。清乾隆嘉庆年间，沈氏族人全部迁入凤山楼。凤山楼村的营建和发展过程分为五个阶段。第一阶段是围楼的营建，初建的凤山楼是围绕沈氏宗祠而建的由寨内、寨围构成的双环形围楼，楼内凿一井，楼西建一庙——祭祀祖先神武德侯祖。一楼一祠一庙一井是凤山楼村最初的结构形态。清嘉庆十八年（1813），在寨围以北扩建了弧形寨畔，形成了三重环形的凤山楼最终格局。第二阶段是村落的东扩，首先是清道光十三年（1833），佑启堂朝宾公派在凤山楼外的东侧兴建鹤山祖祠和民居；继之，各公派相继围绕本派祠堂兴建民居，并兴建了大枫脚土地公、孔庙、天后宫、贮埕土地公、开山圣侯、关帝厅等庙宇和三房书斋、及锋书屋等书斋；另外，在村前门脚溪上建造一座六孔石桥，在村落四方分别设立村门。第三阶段是村落的西扩，1958 年，集中在围楼西侧兴建公厕和猪寮；1967 年，开始在拆除的猪寮和公厕的基础上营建民居。第四阶段是村落的北扩，从 1975 年开始，在围楼和东扩范围以北有过两次大规模的排房民居建设。第五阶段是村落的外围建设，主要是非民居的建设，有在后头山开辟的集体晾谷场和粮仓；1978 年开始在东扩村落以东营建的碾米场、养殖场、屠宰场等作坊，以及塑料袋加工厂、食品加工厂和不锈钢门窗加工厂等小工厂；1984 年和 1996 年"凤山小学"的兴建和扩建；1990 年凤山楼前场埕的扩展、新池塘的开挖和戏台的搭建等。

　　共时性的空间位置分析主要涉及一定区域内的相关聚落空间位置、自然环境与村落选址，凤山楼村建筑类型及空间位置和村落布局，影响凤山楼村布局结构的社会因素。在闽粤两省交接区域分布着多处沈氏宗族的自然村落，凤山楼村是其一。沈氏村落的几度迁徙，主要出于族系繁衍、人口增加的压力。饶平凤山楼村、沈屋村、赤坑村、诏安科下村等沈氏村落插花式地坐落在他姓村落之间，为他姓村落所围绕（如凤山楼村东有张厝寮村、林厝寮村、许厝寮村，南有下乡村、涂楼村、灰楼村，西有洋东村、西山村，北有市田村、曲河村），而沈氏血缘村落则彼此相隔较远（最近的凤山楼村和赤坑村也相距 2.5 千米），这种空间位置关系，当是出于规避本族的地利之争的考虑。地域交接的广东饶平黄冈河流域与福建诏安东溪流域，有着相同的地形地貌和自然资源，生活在这里的居民有着相同的生计方式，人们在村落的选址上也有着相同的理念——背靠山丘，面向田野。凤山楼村背靠后头山，不愁修寮筑屋木材，不虑炊事取暖柴薪；坐落在面阳山坡，夏季可避水患，冬季则尽享阳光；面向山间河谷，有大片农田耕作；村前门脚溪内有鱼虾可捕，登舟顺黄冈河而下能抵南海。

凤山楼村的民居建筑以村中偏西的三环相套的围楼最具特色，寨内、寨围和寨畔都是由俗称"布袋间"的前窄后宽呈扇形的单间房屋并联而成的环形建筑。围楼东西北三面的建筑则以俗称"竹竿厝"的纵长方形的单间房屋并联而成的排房为主，这种由纵长方形房屋连成的排房建筑可以看成是环形建筑的拉直形态。另外，还有数量较少的被称作"爬狮"或"下山虎"的三合院民居建筑，被称作"四点金"的四合院建筑，这两类建筑主要位于村落的东扩区。祠堂建筑现存 13 座，分属沈氏全族和各公派，属于全族的"沈氏宗祠"位于围楼中间，为三重环楼围绕；分属各公派的祠堂在各自所属的公地内，为公派民居围绕。祠堂多为体量巨大、装饰考究的单体建筑，也有利用祖辈居住的老屋——"布袋间"改建而成的连体建筑。庙宇建筑呈东西线性分布，大宫、孔庙、天后宫、关爷厅位于村南一线；另一个关爷厅和贮埕土地公位于村中一线；大枫脚土地公和开山圣侯位于村北一线。

凤山楼村的建筑技术时代特点鲜明。营建于明末清初的庵前村和鸟仔寮村是在山坡上搭建的竹篱茅舍。营建于清代的围楼是土木建筑，寨内、寨围和寨畔的墙基均以碎石垒砌，墙体用三合土夯筑，木梁瓦面。清代东扩开始出现的民居主要是纵长方形排房，这种建筑形式一直沿用至今，甚至为一些公用建筑如公厕、仓库等采用。排房是由纵长方形的"竹竿厝"排列而成的，初时的竹竿厝平面为纵向单间，厅房合一，一户一间。由于两侧为其他厝屋限制，无法横向发展，谋求扩大空间只能是纵向发展，由一进而两进、三进，厅与房分开。排房的建筑经历了土木结构、砖木结构至钢混结构的发展过程。这样的建筑技术变更同样反映在其他建筑上。

围楼是粤北和闽南的特色建筑，排房是粤东的特色建筑。地处闽粤交界区域的四处沈氏村落，在方言和建筑形式上充分体现出这种地缘特点。首先是四座村落均有围楼建筑，位于饶平偏北的沈屋村沈氏讲客家话，自称"客家人"，村中只有围楼而无排房；位于诏安的科下村沈氏讲客家话，自称"客家人"，同时也会讲闽南话，村内有圆形、方形、畚箕形等围楼12座，无排房；同处饶平偏南的凤山楼村和赤坑村沈氏都讲潮州话，自称"潮州人"，村中都有围楼和排房两种建筑。凤山楼村围楼出现时间早于排房的建筑，与该村沈氏由"客家人"向"潮州人"演变吻合。分布在闽北的围楼多是中间有祠堂等建筑的"实心式"，闽南的围楼多是中间无建筑的"空心式"。凤山楼村围楼中间建有沈氏宗祠，沈屋村围屋是环绕沈氏宗祠泳锡堂营建的，科下村最早建成的畚箕状的围楼内有祭祀全族祖先寿山公的沈氏祖祠，赤坑村的围楼内建有沈氏祖祠和主祀武德侯神像的三合院式建筑，这几座沈氏围楼都是"实心式"建筑，与其所在的粤东闽西（近闽南）地域不合，究其原委，当与南宋沈氏一族由苏州南下落脚在闽北的建阳有关，明中叶沈氏一族由闽北迁来饶平，所建围楼延续了闽北的实心式围楼布局特点。

聚族而居的围楼最大功效在于防御，沈氏南涧公放弃鸟仔寨村兴建凤山楼，主要是为避让官府的兵剿。但是建成后的三重环形的凤山楼南侧却是敞开的，这极大地削弱了其防御功能。沈氏为弥补这一不足，寄希望于神灵，在寨畔正对缺口处设一关帝厅，围楼西侧南端建一供奉祖先神武德侯的庙宇——大宫，庙内供奉骑马持刀的武德侯祖神像，并配以关羽、关平和周仓塑像。

凤山楼村是沈氏单姓的血缘村落，血缘关系是维系村落最重要的纽带，是决定民居布局以及其他建筑布局的最重要因素。沈氏宗祠所在地相传为凤山楼一世祖南涧公下山耕作的暂居地，位于围楼中间，环绕其而建的三重围楼是南涧公下顶房、二房和下房后人的居室。为避免居住房屋的位置不公，比邻而居的布袋间主人不是按照血缘关系的亲疏安置的，而是以抓阄的结果确定的。最早从楼内迁出的是下房佑启堂公派，在营建居住区时，沿袭了围楼的设计理念，即围绕祖祠营建民居。鹤山祖祠位于中部，坐北朝南，门前设场埕，场埕南邻池塘；祠堂东边、西边和北边各有一组数目不等的民居建筑，它们组合成一个环抱鹤山祖祠的空间单元。此后陆续从围楼内迁出的各公派，在各自公地内营建民居时，也都是以祖祠为中心，周围环绕民居。随着宗族繁衍、分支公派的形成，凤山楼村沈氏除全族都在沈氏宗祠厚德堂祭祀南涧公外，各公派也都建有各自的祠堂祭祀各自的祖先。最初是分属顶房、二房和下房，在围楼内利用布袋间设置裕德堂、怀德堂、崇德堂、成德堂、世德堂；然后是从围楼内迁出的下房建有鹤山祖祠佑启堂，顶房建有维笃祖祠明德堂等；下房鹤山祖祠后来又分出水美祖祠（堂名已轶）。属于全族的祭祀活动还有在凤山楼西侧"大宫"——凤岗雄镇举行的祭祀，这里供奉着沈氏祖先神——武德侯。祭祀活动主要是每年农历七月十五的"武德侯祖诞辰"和正月十五的"游神巡境"。闽粤交界区域同为沈氏村落的沈屋村、赤坑村、科下村也都供奉武德侯祖；福建诏安与科下村同宗的林堂村和庵前村，每年正月十五日都要到科下村恭接武德侯祖神像，前往本村巡境出游，以血缘为纽带构成了不同村落的祖先信仰圈。

凤山楼村的社会维系纽带还有各种民间信仰。兴建于清康熙年间的天后宫位于东扩区的村南，与东扩区受潮州影响采用排房建筑形式一样，其民间信仰也受到沿海潮州的影响。凤山楼村有关帝厅二处，一处位于围楼内，属于围楼社区；一处位于东扩区村南，属于东扩社区。凤山楼村有土地公小庙二座，大枫脚土地小庙位于凤山楼村西北山坡上，属于围楼社区；贮埕土地公小庙位于东扩区村南，属于东扩社区。由此可知，早期的凤山楼村主要是由围楼社区和东扩社区组成的。另外，还有兴建于清代位于东扩社区南端的文庙和位于村北后头山山坡上的开山圣侯山神庙。

吴敏以考古学者的眼光审视，带着考古学界关心的问题，对凤山楼村做了全面的考察和记录。在此基础上，对凤山楼村的聚落形态进行了全面的梳理、分析和研究，得出了聚落考古学研究的一系列认识和结论。吴敏的凤山楼村考察是一次成功的民族考古学的实践，《凤山楼——聚落考古学视角中的粤东古村落》是一部成功的聚落考古学研究古村落的著作。吴敏的研究为学界提供了可以参照的聚落考古学研究古村落的模式：这就是从戈登·威利的聚落考古学定义出发，对古村落进行历时和共时两个维度的考察和研究，历时性的研究关注居民的迁徙过程、村落的营建时序、建筑风格的演变、建筑技术的进步；共时性的研究关注建筑的分类和功能、村落的空间布局、区域内相关聚落的空间位置、居民的生计方式等，在历时和共时两个维度的研究基础上，考察决定村落布局与结构的自然因素和社会因素。凤山楼村古村落的聚落考古学研究，还有进一步发掘的空间，诸如区域内地缘村落的空间位置分析，居民使用资源的区域分析，行政村干部与宗族族长的职能分析等。

　　凤山楼村聚落考古学的成功实践，前提是扎实的田野调查。吴敏曾 6 次前往饶平县凤山楼村、沈屋村和诏安县科下村等沈氏祖居古村落做田野考察，其中有两次是 2013 年以"黄冈河流域考古人类学调查队"队员身份进行的，2013～2018 年的四次则是在丈夫、儿子和女儿的陪伴下，以"携家带口"形式进行的。2013 年，吴敏等陪同我进凤山楼村考察，我倾听了她如数家珍般的娓娓介绍，亲见了耆老村干部接待我们如家人般的热情。《凤山楼——聚落考古学视角中的粤东古村落》一书，正是吴敏在深度采访、全面记录、精心梳理、竭泽研究的基础上完成的。

　　吴敏硕士研究生读的是考古学专业，读研前曾受过建筑学的训练，读研期间又受过人类学的训练，是我的学生中做古村落研究的不二人选。岭南地区的古村落资源十分丰富，继饶平凤山楼之后，她又对珠海斗门汉坑村落做了考察，并取得了初步的研究成果①。但愿她在古村落的聚落考古学研究的路上走得更远，取得更多的成果。

---

　　① 吴敏：《珠海斗门汉坑村牌坊考》，《文博学刊》2018 年第 2 期。

第一章

绪 论

　　我在 2012 年 12 月至 2013 年 3 月间，参加了"粤东黄冈河流域考古学与人类学调查与研究计划"，那时我正在中山大学学习，攻读考古学硕士学位。考入中山大学时，我已经在珠海市博物馆工作多年，关注古村落研究与保护的同时，更为不少古建筑日渐凋敝而叹息，深感古村落研究与保护的重要，但苦于不得门径，无从入手。以聚落考古学的理论方法运用于古村落个案研究，是导师许永杰教授根据我的实际情况为我指明的学术努力方向。尽管学术界少有可资借鉴和参考的研究成果，但我还是斗胆接受了这样的挑战。

　　饶平是广东省潮州市辖县，地处粤东，界连闽南。商周时期已有人群在此聚居，"浮滨文化"在这一区域有比较多的分布；春秋战国时为百越之地；秦汉属南海郡揭阳县；晋时属义安郡海阳县；明成化十三年（1477）置饶平县。该县最大水系——黄冈河，发源于县北部上善镇大崇坪，从北向南迁贯全境，至县南黄冈镇石龟头注入南海。饶平黄冈河流域因独特的区位、悠久的历史、丰富的遗存，一直备受考古界关注，取得了一定的研究成果。

　　"粤东黄冈河流域考古学与人类学调查与研究计划"（以下简称"黄冈河计划"）由饶宗颐先生（1917～2018）提出。2012

年 12 月，广东省文物局立项正式启动①，中山大学南中国海考古研究中心、香港大学饶宗颐学术馆合作开展调查与研究。"黄冈河计划"在项目规划阶段，确立了比较清晰的多方位、多视角、多学科参与的学术目标。双方联合组建"黄冈河流域考古人类学调查队"，我作为主要成员，全程参加了为期近 4 个月的考古学与人类学调查，负责计划中古村落部分的调查工作。

一

实地调查从饶平县北部上饶镇开始，向南逐个镇域展开，饶平县博物馆、县属 21 个镇文化站向调查队提供了协助与便利。在每个镇域内，采取以行政村为单位、以自然村为调查单元的全覆盖的田野调查，广泛征集族谱、碑刻、契约文书等民间文献，收录口碑资料，对有关村落布局、人口构成、生计形态、民俗信仰等系统记录。

由于带着明确的课题意识，在持续的村落田野调查中，我对粤东地区历史文化面貌的认识不断加深，引发了对黄冈河流域聚落空间布局、古今人文联系及变化的浓厚研究兴趣。最终确定将历史脉络比较清晰、保存比较完整、相对比较封闭的凤山楼村作为研究对象。

2013 年 3 月 13 日，那是"黄冈河计划"联饶镇调查的第二天，凤山楼村是当天第二个调查点。它规整的村落形态，有序的房屋布局，亮丽的祠堂庙宇，宜人的景观环境，是这个沈氏单姓血缘村落带给我的直观而且深刻的印象。当晚，在将访谈整理成笔记后，我开始阅读收集的《广东省饶平县凤山楼沈氏族谱乡志》②

---

① 广东省文化厅粤文物〔2012〕360 号。

② 饶平县沈氏凤山楼乡族谱乡志编纂委员会编《广东省饶平县凤山楼沈氏族谱乡志》，2009。

（以下简称《凤山楼沈氏族谱乡志》）。根据记载，凤山楼村尊奉今饶平县新丰镇沈屋村创村始祖雪涧公为一世祖。雪涧公次子覆云公从饶平沈屋村迁往福建诏安，覆云公长子寿山公定居于诏安县科下村，覆云公和寿山公分别被凤山楼沈氏尊为二世祖和三世祖。寿山公次子宗宁公、孙崇海公、曾孙怡斋公、玄孙南涧公等生活在科下村，是凤山楼沈氏四世祖至七世祖。七世祖南涧公于明崇祯三年（1630）从福建诏安县科下村迁回广东饶平，为联饶镇凤山楼村始迁祖。自此后，凤山楼沈氏在此地繁衍生息，已传十九代。读毕，我惊喜于这个单姓血缘村落不仅有着规整的村落形态，而且历史脉络清晰，竟还保存得这样完整。我更加惊异，究竟是什么原因，让这个单姓血缘村落形成如此规整的形态，保存发展至今。凤山楼村是难得的开展聚落考古学研究的理想村落。

2013 年 6 月 16 日，我第二次到凤山楼村，专程向凤山楼村党支部书记沈锦龙表达开展调查的初步想法，当即得到他的首肯，还有村中耆老的热情鼓励。凤山楼村的田野调查就这样确定了。同年 7 月 11～31 日、8 月 12～18 日两次为期 26 天的调查，围绕村落历史、宗族谱系、建筑形态、空间布局、婚姻家庭等开展。随着调查与研究的深入，我将田野调查范围扩大到饶平县新丰镇沈屋村，以及福建省漳州市诏安县上营村、科下村等地。凤山楼村围楼、祠堂、庙宇等建筑特色鲜明，不仅保存完好而且仍在发挥居住、祭祖、敬神等作用，家族文化传统代代传承，深入人心，展现出血缘村落的特点和特质。村落曾于不同时期屡次扩建，自西向东和向北扩展，呈块状分布。无论民居抑或公共建筑，均呈现不同时期的建筑特点，具有鲜明的时代特征和独特的历史风貌，同时也清晰地勾勒出村落历次扩建与改建的轮廓线。明清时期，村落地址曾经发生变动，凤山楼沈氏固守在一个相对紧凑的地域空间内，累世聚族而居。三百多年间，部分后裔支脉也曾整体迁出，甚至在政策要求之下，凤山楼沈氏全体搬离凤山楼村，又迁回，其间都从未有他姓人口在凤山楼村留居下来。新中国成立后，出现村落历史上从未有过的村内通婚的婚嫁形式，通婚圈急速收缩，人口流动趋于凝固，在村落形态和文化面貌上留下深刻的家族印记。可以说，2013 年 7~8 月间的调查，奠定了本书的基础和框架。

2014 年 2 月 13~14 日，为记录正月十五祠堂祭祖、"游神巡境"等文化习俗，我第五次到凤山楼村，在村里度过了一个难忘的元宵节。2018 年 7 月 20~23 日，我又进行第六次调查，重点对部分凤山楼沈氏祖先墓葬进行踏查，除凤山楼村山地之外，调查遍及饶平县赤坑村，福建省漳州市诏安县坪路村、科下村等地。这两次跟踪调查，又为我补充了一些新鲜资料。不仅在凤山楼村，而且在凤山楼沈氏祖居村落，人们都视武德侯祖为村落最重要的神灵，将对祖先的尊重、敬仰升华为祖先神崇拜。凤山楼村祠堂和墓葬的修造、维护，祠祭和墓祭的定期举办等，营造出今人与先人既相生相伴又敬而远之的精神空间。

从 2013 年开始至 2018 年的 5 年间，我先后 6 次到凤山楼村，并到广东饶平县沈屋村、赤坑村，福建诏安县科下村、新营村、坪路村做调查。采用访谈口述、跟踪观察等人类学田野调查方法，收集文献、谱牒，记录民居、祠堂、庙宇、文化习俗等，追溯凤山楼沈氏在后头山一带拓荒垦殖、聚居成落、繁衍成族的历史进程。

一

中国村落成为严格意义上的学术研究对象，是在 20 世纪以后①。村落研究的内容涉及政治、经济、地理、历史、建筑、民

---

① 李红、胡彬彬：《中国村落研究的三种范式——基于相关文献的初步反思》，《光明日报》2016 年 10 月 19 日，第 14 版。

俗等诸多方面，内涵丰富，是建筑学、人类学、历史学、地理学等学科关注的重点和研究的热点领域。各学科的研究方法、研究重点、研究旨趣不同，各具独特的研究视角，极大地丰富和拓展了村落研究的视野和领域，成果斐然。

　　将具体村落作为对象，所开展的个案研究，以建筑学和人类学领域最为精彩纷呈，其中不乏经典力作。清华大学陈志华、楼庆西、李秋香等人主张"以聚落作为研究乡土建筑的对象"，历经 20 年调查、研究和保护乡土古村落与古建筑，形成了《关麓村》《石桥村》《诸葛村》等系列研究成果，以"中国古村落"丛书结集出版，成果蔚为大观，从而将建筑学对于村落的研究推向新高度①。早在 20 世纪三四十年代，以费孝通、杨懋春等为代表的老一辈人类学家对于具体村落所做的研究，取得了令世人瞩目的成果。费孝通的《江村经济——中国农民的生活》是我国社会人类学实地调查研究的里程碑式的著作②。该书以其家乡江苏省吴江县开弦弓村为研究对象，用经济人类学的研究方法描述了中国农民的消费、生产、分配和交易体系，重点探讨了这一经济体系与特定地理环境的关系，同时分析了导致乡村经济变迁的动力和存在的问题。杨懋春同样以家乡台头村作为研究对象，在《一个中国村庄——山东台头》③一书中独辟蹊径，以初级群体（家庭）中个体之间的相互关系为起点，然后扩展到中级群体（村落）中初级群体的相互关系，最后再扩大到一个大地区（乡镇）中次级群体之间的关系，试图"描绘出一幅整合的总体的画面"，其基于具体村落对社会结构的成功研究，得到国际学术界的认可。

　　建筑学者在对传统民居进行研究的同时，亦无法回避对村落

---

① 陈志华、楼庆西、李秋香主编《石桥村》，河北教育出版社，2002。
② 费孝通：《江村经济——中国农民的生活》，商务印书馆，2004。
③ 杨懋春：《一个中国村庄——山东台头》，江苏人民出版社，2001。

的描述和研究。20 世纪 30 年代末，"营造学社"主要成员刘敦桢、刘致平等人对云南、四川等地的民居展开了调查。1956 年刘敦桢著作《中国住宅概说》出版，该书对中国远古至近代的民居做了全面而系统的介绍与研究，是中国民居研究的开山之作①。是年，陆元鼎、魏彦钧等人开始了对广东民居的调查，由于历史原因，调查曾一度中断，历经三十多年努力，1990 年《广东民居》出版②。该书对村镇布局以及潮汕、客家等地区不同民居建筑形式的特点、空间组织、营造方法等均做了深入介绍，具有很高的学术价值。此外，建筑学界也十分注重将一定区域的村落作为研究对象，王鲁民、乔迅翔所著的《营造的智慧——深圳大鹏半岛滨海传统村落研究》③ 揭示了大鹏半岛传统村落在体系、构成和建筑上形成的"多维度联系的村落系统""双重表达体系"等特征。台湾学者吴培晖所著的《金门澎湖聚落》，以建筑学的村落研究为基础，从社会、经济、政治、宗教几个方面切入，解析金门与澎湖两个地区聚落的相同与差异及其影响因素，无论研究方法或研究内容，都给人耳目一新之感④。王昀认为，对于隐藏在聚落空间当中的秩序的揭露，不应当从聚落的外部因素入手，而应当紧紧围绕聚落空间组成的本身去寻找。他通过将传统聚落的空间组成，转换为能够进行数理分析的数学模型，达到解释村落这个研究对象的整体构成关系的研究目的⑤。

　　人类学者的研究同样值得关注，特别是围绕"台湾浊水、

---

① 刘敦桢：《中国住宅概说》，百花文艺出版社，2004。
② 陆元鼎、魏彦钧：《广东民居》，中国建筑工业出版社，1990。
③ 王鲁民、乔迅翔：《营造的智慧——深圳大鹏半岛滨海传统村落研究》，东南大学出版社，2008。
④ 吴培晖：《金门澎湖聚落》，稻田出版有限公司，1999。
⑤ 王昀：《传统聚落结构中的空间概念》（第二版），中国建筑工业出版社，2016。

大肚两溪流域自然与文化史科际研究计划"（简称"浊大流域人地研究计划"），中国台湾学者取得了一批重要的学术成果。具有代表性的是庄英章对林圯埔的研究。他在《林圯埔：一个台湾市镇的社会经济发展史》①一书中，从历史分析的角度探讨了林圯埔村落社区的发展与宗教组织、祭祀公业、神明会、庙宇等之间的关系，对超村际的宗教活动、村内的宗教活动、祭祀圈与地域组织的关系也进行了讨论。林美容的专著《乡土史与村庄史——人类学者看地方》②同样引人注目。她以草屯镇为中心，探讨了草屯镇的祭祀圈与地方组织形成的关系。尤其注重土地公庙与村落发展的关系研究，将土地公庙作为一个村落正式形成的标志。此外，日本学者冈田谦对台湾村落的研究也都涉及移民、庙宇组织等与村落形成的关系，并为人类学研究贡献了"祭祀圈"这一新颖的概念，具有相当高的学术价值。刘晓春著的《仪式与象征的秩序：一个客家村落的历史、权利与记忆》③以江西南部一个客家村落为研究对象，从自然环境、村落历史、宗族组织、民间信仰等多方面入手进行调查研究，探讨了民间传统在传统时期的传承、在现代时期的复兴以及民间传统与国家控制之间的关系。2011年劳格文（John Lagerwey）与王振忠合作主编的"徽州传统社会丛书"之一《白洋源》出版④。丛书旨在以田野调查所获之口碑资料和地方文献，客观描述1949年以前徽州的传统经济、民俗与宗教，为人们提供一个地区较为完整的社会生活实录，具有独具一格的学术价值。

地理学和历史学领域对于村落研究各有侧重也各具所长，学

① 庄英章：《林圯埔：一个台湾市镇的社会经济发展史》，上海人民出版社，2000。
② 林美容：《乡土史与村庄史——人类学者看地方》，台原出版社，2000。
③ 刘晓春：《仪式与象征的秩序：一个客家村落的历史、权利与记忆》，商务印书馆，2003。
④ 吴正芳：《徽州传统村落社会——白洋源》，复旦大学出版社，2011。

科交叉与渗透，更加提高了学术研究的能力。法国地理学家阿·德芒戎（Demangson, A.）于1939年发表的《法国农村聚落类型》①，首次将农村聚落按长条、块状、星形等分布形状加以区分，同时分析了不同类型村落的形成与自然、人口、农业之间的关系，为后世学者提供了一种崭新的村落研究范式，至今仍具指导意义。《中国农村聚落地理》是金其铭的代表作②。该书将我国的村落按地域划分为东北农村聚落区、长城沿线农村聚落区、东南沿海农村聚落区等11个聚落类型区，分析了各聚落类型区的特征。同时对聚落位置、形式、规模等进行了系统研究。台湾学者胡振洲在《聚落地理学》中，将台湾地区的聚落划分为农业聚落、矿业聚落、工业聚落、宗教聚落、牧业聚落、军事聚落等类型，具有一定的参考价值③。

民国时期，美国历史学者黄宗智④、杜赞奇⑤等运用日本"满洲铁路调查局"（简称"满铁"）对中国华北地区数个村庄调查所收集的资料，展开对华北村落的社会结构、经济形态、土地关系的研究。侯仁之在《历史地理学的理论与实践》⑥ 一书中，对历史聚落地理的研究所做的理论探讨，开创国内史学界村落研究之先河，对历史聚落地理学研究具有重要的指导意义。史学界关于村落研究的重要成果还有从翰香主编的《近代冀鲁豫乡村》，该书对明清的基层组织与村落之间的关系及村落的起源、规模与外观的研究都具有开拓的意义⑦。郑振满在《乡

---

① 阿·德芒戎：《人文地理学问题》，葛以德译，商务印书馆，2004。
② 金其铭：《中国农村聚落地理》，江苏科学技术出版社，1989。
③ 胡振洲：《聚落地理学》，三民书局，1977。
④ 黄宗智：《长江三角洲小农家庭与乡村发展》，中华书局，2000。
⑤ 杜赞奇：《文化、权力与国家：1900～1942年的华北农村》，江苏人民出版社，1996。
⑥ 侯仁之：《历史地理学的理论与实践》，上海人民出版社，1979。
⑦ 从翰香主编《近代冀鲁豫乡村》，中国社会科学出版社，1995。

族与国家：多元视野中的闽台传统社会》一书中，通过考察明清时期的乡族组织与地方政治，探讨了中国传统社会结构的转型①。

三

考古学对于古村落的研究起步相对较晚，福建博物院、湖南省文物考古研究所所做的开创性的研究，取得了重要的学术研究成果，对考古学开展古村落研究具有借鉴及指导意义。2006 年 7 月，福建博物院编著的《福建北部古村落调查报告》② 出版，该书是"福建北部古民居聚落形态研究"的结题报告。课题组在对福建北部地区古民居资料进行全面搜集与整理的基础上，选择了三十多个古村落进行实地调查。对这一地区古村落的产生过程、历史演变、现状及区域特征进行了深入的分析与论证。湖南省文物考古研究所组织开展了对宋代著名理学大师周敦颐故里——濂溪的调查与研究③，从考古学角度，在宏观上对村落的地理位置、空间布局、生态环境等方面进行了考察，在微观上对具体建筑的内部结构和相关特征进行了详细分析；从人类学角度，对族群认同、亲属关系、宗教、礼俗、信仰等方面进行了综合考察，并与当代村民的观念与认知紧密结合。吴春明、佟珊主编的《武夷山崖上聚落》④，是对武夷山崖上聚落文化遗存的阶段性研究成果。全书由"武夷山崖上聚落遗存调查报告"与"武夷山崖上聚落文化初步探讨"两部分组成。台湾大学人类学

①　郑振满：《乡族与国家：多元视野中的闽台传统社会》，生活·读书·新知三联书店，2009。
②　福建博物院编著《福建北部古村落调查报告》，科学出版社，2006。
③　湖南省文物考古研究所：《濂溪故里——考古学与人类学视野中的古村落》，科学出版社，2011。
④　吴春明、佟珊主编《武夷山崖上聚落》，厦门大学出版社，2012。

系陈玛玲发表在《考古人类学刊》的《Saqacengalj 聚落形态与形貌：一个旧社的考古学研究》一文，以复原屏东县南排湾族村落高士村原居址高士石板屋旧居的房舍结构与聚落模式为主要研究目标，借此探求几百年前南排湾的聚落模式，并作为将来对各文化、社会面向议题讨论的基础①。何翠萍通过对海南美孚黎居住空间的考察，在延续对房屋、社会与象征意义之关联的分析的同时，注重展示人鬼关系与居住空间建构的动态联系，以揭示不同情境下居住空间建构的文化逻辑②。

以美国学者戈登·威利（Gordon R. Willey）于 20 世纪 40 年代在秘鲁北部进行的"维鲁河谷计划"及研究报告《聚落与历史重建——秘鲁维鲁河谷的史前聚落形态》出版为嚆矢，聚落考古学成为一种被普遍接受的考古学方法。聚落考古"以其完善的理论、科学的方法和令人瞩目的成果，有力地推动了考古学的发展"③。维鲁河谷项目的研究有三个基本部分：一是考古学，或人类学对河谷环境长期适应的研究；二是民族学，即调查维鲁河谷现代居民的生活方式；三是自然河谷及其环境。通过对秘鲁维鲁河谷的 315 处遗址进行动态分析，重建了河谷自前陶期至西班牙征服时期长达两千年的社会历史变迁④。张光直认为，维鲁河谷研究计划及其相关研究成果对于聚落形态考古具有"划时代"的意义，并在 1984 年为北京大学考古系师生所做演讲中介绍了"维鲁河谷研究计划"及其成果，将聚落形态考古的概念

---

① 陈玛玲：《Saqacengalj 聚落形态与形貌：一个旧社的考古学研究》，《考古人类学刊》2005 年第 63 期。

② 何翠萍：《关于海南美孚黎居住空间建构及其文化逻辑》，《民族研究》2017 年第 5 期。

③ 许永杰：《黑龙江七星河流域汉魏遗址群聚落考古计划》，《考古》2000 年第 11 期。

④ 戈登·威利：《聚落与历史重建——秘鲁维鲁河谷的史前聚落形态》，谢银玲、曹小燕、黄家豪、李雅淳译，陈淳审校，上海古籍出版社，2018。

引入中国①。自此之后，中国考古学者开展了许多专题研究，为聚落考古在中国的传播和发展进行了丰富的实践和艰辛探索，共同推动了聚落考古学的发展。

我的导师许永杰教授于 1998 年主持"黑龙江七星河流域汉魏遗址群聚落考古计划"课题研究②，他在中山大学为考古学研究生讲授"中国考古学理论与方法"专业理论课时，有"聚落考古学在中国"专门一讲③。关于聚落考古学的研究内容，可以概括为：单独遗迹的研究（聚落组成单位整理）；单一聚落（一个遗址或一个墓区）形态、布局及结构的个案研究；同时期诸聚落在较大区域内之连接；聚落形态历史演变的研究；聚落资料与其他资料关系（如聚落与生态环境）的整合研究等等④。

自明末迄今，绵延 300 余载的漫长岁月，凤山楼村几度变迁，村落内部结构和机能交织变化，不但适应和满足了村民生产、生活和信仰等多方面的需要，更加保持着持续发展的社会功能和经济文化活力，村落形态渐进演变。按照戈登·威利对聚落考古学所下的定义"人类将他们自己在他们所居住的地面上处理起来的方式。它包括房屋，包括房屋的安排方式，并且包括其他与社团生活有关的建筑物的性质与处理方式。这些聚落要反映自然环境，建造者所实用的技术水平，以及这个文化所保持的各种社会交接与控制的制度。因为聚落形态有一大部分为广泛保有的文化需要所直接形成的，它们提供了考古文化的功能性的解释

---

① 张光直于 1984 年 8 月 22 日至 9 月 7 日在北京大学所做的演讲，后编为《考古学专题六讲》，由生活·读书·新知三联书店出版发行。
② 许永杰：《七星河——三江平原古代遗址调查与勘测报告》，科学出版社，2010。
③ 许永杰：《中国考古学理论与方法十讲》，科学出版社，2018。
④ 许永杰：《聚落考古在中国——历程·现状·问题》，《华夏考古》2009 年第 4 期。

的一个战略性的出发点"①，其中涉及的诸要素，通过对建筑进行类型学梳理，建立聚落的时间序列和空间分布的框架，通过物质层面的静止的建筑、场域等与精神层面的动态的仪式、习俗等两相呼应，对凤山楼沈氏三百多年固守的相对紧凑的村落空间，做出详细的历时性演变和共时性分析，最终解释凤山楼村聚落形态的演变及其影响因素。进而为古村落的聚落考古学积累研究个案，并为古代遗址的聚落考古学研究提供实例、借鉴和可供解释的标本。

凤山楼村是黄冈河流域保存最好的古村落之一，却寂寂无闻，是学术界曾经遗忘的角落。有关这个地方迄今尚无系统的记录及报道，学术界对于凤山楼村的研究处于空白状态，没有专门性的研究成果。本书运用文字、影像、图表等手段对凤山楼村做了准确、全面、科学的记录，结合史志文献，考订凤山楼村的名称，分析其迁徙路线，推究村落兴建迁移始末、发展及演变。作为"粤东黄冈河流域考古学与人类学调查与研究计划"项目的部分调查成果，本书是在对凤山楼村展开系统调查基础上形成的调查报告，可为全面了解粤东地区文化面貌补充资料，助力客家、福佬文化的互动及其影响因素的研究。

本书运用聚落考古学的研究方法，试图为考古学开展古村落研究提供新颖的视角。现阶段，考古工作者承担着越来越多的区域文物考古调查项目，在日益加速的城镇化建设进程中，考古工作者不能仅把目光局限于埋藏在地下的古代遗存，还应该拓宽研究视野，重视陈列在广阔大地上的遗产，尽可能去发现、记录、保护那些行将消失的地上、地下以及文化传承中的文化遗产。本书在文化遗产保护事业上的探索，能够为古村落文化遗产保护、乡村振兴提供理论依据。保护好文化遗产，方才能留住乡愁。

---

① 张光直：《考古学专题六讲》，生活·读书·新知三联书店，1984。

第二章

山海之间潮与客

凤山楼村位于潮州市饶平县境内的东南部，黄冈河下游，南距县城黄冈镇8.8千米。自西3千米与洋东村为邻，南与联饶溪和星光村交界，以东5千米接许厝寮村，北隔凤山与新圩镇市田自然村接壤。位于闽粤交界地带的凤山楼村东距福建省漳州市诏安县汀洋镇旧地村只有12千米，虽不临海，但是距离南部海岸也只有30千米。凤山楼村地理坐标为东经117°00′11″，北纬23°44′39″，总面积3.75平方千米，平均海拔高程17米。

第一节 生态环境

一 地形地貌

饶平县境东西狭、南北长，总面积2203平方公里。地形北高南低，东、北、西三面环山，南濒南海，形成一个内陆比较封闭、南有136千米海岸线的独特的地理小区域。粤东莲花山系和福建武夷山系分别从西北和东北延伸入境，在北部上善镇会合后，沿着县境东、西边缘分出两支。东面武夷山系的嶂宏山脉，向南延续而后转向东南低伸，经饶洋镇、建饶镇、东山镇、联饶镇至东界的大幕山；西面莲花山系的西岩山脉，由西南再转南低伸，至钱东镇的莲花山和大北山①。从而在北部构成了狭长的饶北小盆地，在中部东、西两侧构成了渔村、坪溪台地，在南部构成了低丘缓坡地带。

联饶镇境内丘陵起伏连绵，小河谷盆地错落其中，呈北东—南西走向，并从东西两侧向中部倾斜。丘陵海拔高程在 100～200 米，坡度在 10°～20°，小河谷盆地海拔高程在 10～50 米。镇北部有大北坑、顶大埔、胶莲山、大岭山、凤山、赤坑西山和后壁岭等低丘环绕；南部的碗公山、南岭、腊蛇岭和尖峰山等自西向东展布，多系花岗岩山体②。凤山楼村就坐落在凤山和大岭山两山垭口前的一个低矮的后头山脚下，西南面向南岭（见图 2－1）。后头山实际是凤山楼村北部诸多小山丘的总称。为称呼起来方便与明确，沈氏先祖为这些小山丘一一命名，自古流传，口口相授。从西往东分别有后当山、中央山、东行头山、猪沟山、彦厝山，村东边还有葵林山。后头山周边从西边起有大枫脚

图 2－1　从星光村卫生所楼顶拍摄的凤山楼村全景
（自南向北拍摄）

说明：本书照片除署名外，均为作者拍摄。

---

① 饶平县地方志编纂委员会编《饶平县志》，广东人民出版社，1994，第 142 页。
② 根据黄冈河调查队收集的资料整理。

山、瓦窑前岭山、腰龟树山、树林仔山、多年山及下大林山等。
地面坡度的大小，直接影响开垦条件、运输条件、造林条件等。
一般说来，坡度小于 3°的平地、3°~6°的坡地，基本宜于耕种；
6°~12°的坡地，需要等高开垦；12°为机耕的上限，20°是修筑梯
田的上限，25°是垦殖的上限①。凤山楼村所处坡度在 3°~6°，从
而给土地的利用带来一定便利，影响着村落的空间分布。

二　水系水源

黄冈河是饶平县最重要的河流，水资源丰富。该河发源于县
北部大岽坪山麓，自北向南纵贯县境中心，至县南部黄冈镇石龟
头注入南海，形成一个相对完整独立的水系。沿途流经上善、上
饶、饶洋、新丰、三饶、汤溪、浮山、浮滨、樟溪、光明、高
堂、联饶、黄冈等 13 个镇（场），全长 87.2 千米，是饶平境内
最长的河流（见图 2-2）。黄冈河汇集了九村溪、食饭溪、新塘

图 2-2　黄冈河（沈楚和拍摄）

---

① 王鲁民、乔迅翔：《营造的智慧——深圳大鹏半岛滨海传统村落研究》，东
南大学出版社，2008，第 11 页。

溪、东山溪、浮滨溪、新圩溪、樟溪、联饶溪等 8 条主要支流和十余条小溪流，构成全县水系大动脉，全流域集雨面积 1256.1 平方公里，占全县总土地面积的 75%[①]。以溪头、赤岭为界，黄冈河分为上游、中游、下游三段。黄冈河上游和中游，分布着狭长的河谷平原；下游在黄冈分两汊出海，冲积出黄冈河三角洲平原[②]，沿海岛屿罗列，港湾众多[③]。饶平县多年平均降雨量 1640 毫米，多年平均径流量 14.377 亿立方米。降雨是地表径流的唯一来源。黄冈河流域地下水资源丰富，且多为浅层地下水。凤山楼村民的生活用水一部分取自井水，一部分依赖于朝阳洞引水工程。

就县境水系而言，以黄冈河为主；就凤山楼村而言，以联饶溪为主。联饶溪从凤山楼村南面农田穿流而过，呈 "U" 形走势，村民俗称其为 "门脚溪"（见图 2-3）。这条溪流在福建省

图 2-3　门脚溪

①　饶平县水利电力局编《饶平县水利志》，1996，第 30 页。
②　黄挺、陈占山：《潮汕史》，广东人民出版社，2001，第 17 页。
③　饶平县地方志编纂委员会编《饶平县志》，广东人民出版社，1994，第 142 页。从 1957 年起，通过大规模人工围海造田，汫洲、海山等岛屿已同陆地相连，黄冈河三角洲平原面积进一步扩大。

诏安县西潭镇后岭村北部山谷发源后，从福建流出进入广东省境内，依次从联饶镇的赤坑村、群力村、许厝寮、张厝寮、林厝寮和凤山楼村、星光村流过，逶迤向西，贯穿全镇，于联饶镇葛口村前汇入黄冈河，全长 15.5 千米，集雨面积 99.64 平方公里，因主流在联饶镇境内故而得名。联饶溪上游山高流急，但自流经星光村起的中下游 9000 多米河段，河道弯曲淤浅，洪害严重[①]，影响了村落的发展规模和分布格局。

三　气候作物

从气候上看，饶平县地理位置靠近北回归线，南临海洋，属亚热带海洋性季风气候。具有四季温暖、雨量较充沛、日照充足、无霜期长的特点。据县气象站观测资料，饶平县年平均气温 21.4℃，每年夏秋两季（5 ~ 10 月）平均气温在 22℃ ~ 28℃[②]。全县降雨时空分布不均，从季节看，4 ~ 9 月降雨量占到全年总量的 81%，强度大、雨量多，易造成洪涝灾害；从地域分布看，由西北向东南递减，凤凰山区多于沿海平原。风向的季节性明显，夏季盛行偏南风，冬季多偏北风，春秋两季盛行偏东风。日照充足，年日照时数 2114.0 小时。

凤山楼村属县中部丘陵温暖适雨气候区[③]，日照、降水量以及适宜耕种的水稻土等，能够满足双季稻及三熟制的生长环境要求。经过长期开垦，凤山楼村有水田 800 亩，旱地 400 亩，果园 1200 亩。农业以种植水稻、番薯、花生、南瓜为主，发展速生桉树种植，是饶平县龙眼、荔枝的主要生产基地之一。总体来说，凤山楼村气候条件优越，但也有不利的方面，如低温阴雨、雨季内涝、寒露风、龙舟水等农业气象灾害，特别是夏秋季节的

① 饶平县水利电力局编《饶平县水利志》，1996，第 49 页。
② 饶平县地方志编纂委员会编《饶平县志》，广东人民出版社，1994，第 147 页。
③ 饶平县地方志编纂委员会编《饶平县志》，广东人民出版社，1994，第 153 ~ 154 页。

热带气旋带来的狂风暴雨等灾害性天气，对凤山楼村的农业生产和村民的生活方式造成较大影响。

第二节　人文环境

一　建置沿革

饶平秦汉时期属南海郡揭阳县①，自此纳入中央政权统一管辖。东晋先后属东官郡和义安郡辖地。隋开皇十一年（591）始置潮州。至唐、宋、元时期，饶平均隶属潮州海阳县。明成化十三年（1477）设饶平县，取"饶永不瘠，平永不乱"之意，定县名为"饶平"，以祈吉祥，辖由潮州府海阳县（今潮安区）析出的太平乡宣化、信宁二都，光德乡滦州、清远、弦歌三都，怀德乡秋溪、隆眼城、苏湾三都，共八都。县治设于弦歌都下饶堡（今三饶镇），潮州府隶之。清承明制未改。民国时期先后属东江行政委员公署、第六区和第八区等。1949 年属潮汕临时专员公署管辖。1956 年属汕头专员公署管辖。1983 年成立汕头市人民政府，饶平县隶属之。1991 年划归潮州市管辖至今（见表 2 – 1）。

表 2 – 1　饶平置县前地域归属

朝代	年　代	地域归属
秦至三国东吴时期	秦始皇三十三年（214BC）	属南海郡
	秦末汉初	属南越国
	西汉元鼎六年（111BC）	属南海郡揭阳县
	新莽（9AD）	属交州南海亭
	东汉建武元年（25AD）	属南海郡揭阳县
	东汉建安十八年（213AD）	属荆州南海郡
	三国东吴赤乌五年（242AD）	属广州南海郡揭阳县

---

① 潮州市地方志办公室整理《［康熙］饶平县志》，潮内资出准字第 121 号，2001，第 8 页。

续表

晋至隋	东晋咸和六年(331AD)	属广州东官郡海阳县
	东晋义熙九年(413AD)	属广州义安郡海阳县
	梁普通四年(523AD)	属扬州义安郡海阳县
	隋开皇十年(590AD)	属循州义安县
	隋开皇十一年(591AD)	属潮州义安县(潮州自此得名)
	隋大业三年(607AD)	属扬州义安郡海阳县
唐	唐武德四年(621AD)	属广州总管府潮州海阳县
	唐武德五年(622AD)	属循州总管府潮州海阳县
	唐贞观二年(628AD)	属广州中都府潮州海阳县
	唐贞观三年(629AD)	属江南道潮州海阳县
	唐贞观十年(636AD)	属岭南道潮州海阳县
	唐景云二年(711AD)	属福州都督府潮州海阳县
	唐开元二十一年(733AD)	属福建经略使潮州海阳县
	唐开元二十二年(734AD)	属岭南经略使潮州海阳县
	唐天宝元年(742AD)	属福建经略使海阳郡海阳县
	唐天宝十年(751AD)	属岭南经略使海阳郡海阳县
	唐乾元元年(758AD)	属岭南经略使潮阳郡海阳县
	唐咸通三年(862AD)	属岭南东道节度使潮州海阳县
	唐乾宁二年(895AD)	属清海军节度使潮州海阳县
宋至明	宋开宝四年(971AD)	属广南东路潮州海阳县
	元至元十六年(1279AD)	属江西行中书省广东道宣慰使司潮州路海阳县
	明洪武二年(1369AD)	属广东行中书省潮州府海阳县
	明洪武九年(1376AD)	属广东承宣布政使司潮州府海阳县
	明洪武三十一年(1398AD)	属广东布政使司按察司岭东分巡道潮州府海阳县
	明永乐元年(1403AD)	属广东布政使司按察司分守道
	明成化十三年(1477AD)	设饶平县,为饶平建置之始,属广东布政使司按察司分守道潮州府

资料来源:根据饶平县地方志编纂委员会编《饶平县志》整理制作。

　　据清康熙《饶平县志》记载,饶平在明成化十三年(1477)
置县后,下设乡、都、堡、栅四个层级。清沿明制,虽境域范围
时有盈缩,但区划名称并无改变。联饶镇现境域,在明清时期分
属弦歌都东洋堡和宣化都黄冈堡;民国时期先后属第四区、黄冈

区等；中华人民共和国成立后属饶平县第八区（高堂区），称联饶乡和联山乡，"联饶"作为地名始于此时，并与行政区名称（乡、公社、区、镇等）相一致，沿用至今。1963 年联饶公社和联山公社合并成立联饶公社，联饶境域至此固定不变。1988 年 8 月 9 日改为联饶镇。凤山楼村在清代属潮州府海阳县宣化都黄冈堡管辖；1962 年饶平县增设联饶公社，凤山楼村属之；1963 年凤山楼村属联饶公社和联山公社合并成立的联饶公社管辖；1986 年属联饶乡，1988 年属联饶镇。

二 区位人群

在自然地理上，饶平县位于岭海之陬，闽粤要冲。北部峻岭逶迤，随着黄冈河顺流南下地势逐渐降低，南部岛屿罗列、港湾交错，从而形成山海相拥、陆岛相望的县域风貌，具备交通便利、左右逢源、通山达海的区位优势。

大约在商末周初，今饶平境内已有人类聚居，形成一定规模的聚落。1974 年，考古工作者在凤山楼村以西 1.5 公里的联饶公社深塗大队顶大埔山，以及浮滨公社桥头乡塔仔金山，先后发掘清理墓葬 21 座，出土遗物 197 件，文化内涵丰富，经整理研究后命名为"浮滨文化"[1]。从浮滨遗存的文化面貌看，"似乎表示浮滨在殷周之际属于越族的一个王国"[2]。

自秦戍五岭，继之赵佗建立起"东西万余里"、历五主共 93 年的南越国，直至汉武帝元鼎六年（前 111）平定南越，在中原大军进军岭南的同时，中央政权有计划地组织移民。据《史记》记载："（秦始皇）三十三年（前 214）发诸尝逋亡人、赘婿、

---

① 邱立诚、曾骐：《论浮滨文化》，载揭阳考古队、揭阳市文化广电新闻出版局编《揭阳考古》，科学出版社，2005，第 252 页。

② 饶宗颐：《从浮滨遗物论其周遭史地与南海国的问题》，载黄挺编《潮州地方史论集》，汕头大学出版社，1996，第 76 页。

贾人略取陆梁地，为桂林、象郡、南海，以適遣戍。"① 一部分中原移民伴随着大军南下，并向岭东播迁。他们辟荒拓土，饱尝艰辛，历经艰难长久的磨合，缓慢却深刻地改变着岭东的文化面貌，成为开发岭东的先驱。

隋唐之际，饶平已是"南蛮杂类，与华人错居"② 的景象。这些土著一部分为居住在闽粤赣边界的僚人；一部分为占据粤东循州、潮州的俚人。随着移民垦殖面积的扩大、开发力度的加强，土著居民的生活空间受到挤压，固有的生活方式也遭受强烈的冲击，因而在土著和移民之间，不断发生矛盾、冲突乃至激烈的战斗。"唐世岭南僚事最剧，而俚乱鲜闻"③。《白石丁氏古谱·懿迹记》就有这方面的记载④：

> 泉潮之间，故绥安地也，负山阻海，林泽荒僻，为僚蛮之薮，互相引援，出没无常，岁为闽广患。且凶顽杂处，势最猖獗，守戍难之。自六朝以来，戍闽者屯兵于泉郡之西，九龙江之首，阻江为险，插柳为营。江当溪海之交，两山夹峙，波涛激涌，与贼势相持者久之。

唐总章二年（669），泉潮间爆发蛮僚啸乱，广州扬威府将领陈政奉调为镇将，领兵平叛。这场发生在中原移民和土著之间的战争历时近半个世纪，陈氏一族陈政、陈元光、陈珦三代人，一方面坚决地进行武力镇压，一方面采用招抚的怀柔策略，并招

---

① 《史记·秦始皇本纪》第六，中华书局，1999，第253页。
② 《隋书》卷八十二，中华书局，1996，第1831页。
③ 谭其骧：《长水集》（上），《粤东初民考》，人民出版社，1987，第260页。
④ 《白石丁氏古谱》，转引自黄挺、陈占山《潮汕史》，广东人民出版社，2001，第79页。《白石丁氏古谱》是开漳先驱者丁儒族裔修撰的族谱，始修于宋代，又经元明清期间多次重修、增补，保存不少有关唐初漳州地区开发的重要史料。

募中原移民"得五十八姓，徙云霄地，听自垦田，共为声援"①。
这五十八姓中原移民多来自山西河东，全部屯戍落籍闽南。他们
随军西进，成为军中主力，一部分到达饶平并定居于此。据史料
记载，陈姓、邹姓等姓氏定居在饶平东界一带②，渐次形成了新
的聚落点，繁衍传承，世代聚居。凤山楼村四十八世祖沈世纪作
为中原子弟兵随军参加了平定蛮僚啸乱的战斗，在陈元光军中担
任营将，驻军南诏③。

　　宋元时期，饶平经历了来自福建的移民潮。历史上，受
"五胡乱华"、安史之乱和靖康之难的影响，北方移民曾为躲避
战乱不断向南方迁徙④。历经数朝，持续不断涌入福建的移民，
推动了当地的开发和建设，同时也加速了福建人口的迅猛增
长。宋室南渡和宋元之交，又有大量移民入闽，他们或为末代
皇族，或为护驾大军，或为避难百姓。在这样的背景之下，福
建的土地压力激增，人地关系进一步紧张。一部分移民不得不
选择再次迁出，饶平就是此次迁徙的目的地之一。据《饶平县
志》记载："大批入饶的汉人，多从福建莆田、宁化分派。从
莆田分派的，多定居县境南部沿海，为'福老人'，其先祖多
是晋永嘉之乱（307~313）时的中原士族南渡入闽的，计有来
自陕西、山西、河南、江浙一带的林、黄、陈、郑、詹、邱、

---

① 《白石丁氏古谱》，转引自黄挺、陈占山《潮汕史》，广东人民出版社，
　　2001，第 80 页。
② 饶平县地方志编纂委员会编《饶平县志》，广东人民出版社，1994，第
　　174 页。
③ 饶平县沈氏凤山楼乡族谱乡志编纂委员会编《广东省饶平县凤山楼沈氏族
　　谱乡志》2009，第 6~7 页。
④ 罗香林五次迁徙论：一期：东晋"五胡乱华"，自中原迁徙至长江南北岸，
　　如湖北、河南、安徽、江西、江浙等地；二期：唐末黄巢起义，自江淮迁至
　　皖南、赣东南、闽粤东北部边界；三期：宋室南渡，迁至广东东部和北部；
　　四期：明末清初，满族南下，迁至广东中部及滨海地区，川、桂、湘和台
　　湾；五期：同治年间，广东西路事件及太平天国运动后，迁至广东南部、海
　　南岛、台湾、港澳、南洋群岛等。

何、胡等姓汉人，他们入闽后多居住于晋江、莆田一带。宋末，其后代为避元兵或护宋帝而入饶。从宁化分派的，多定居县北山区为'客家人'，其先祖多是唐开元、天宝间'安史之乱'避难或唐末藩镇之乱时随王潮（按：原文如此，应为朝）军队入闽的，计有河东、豫章等地的王、谢、罗、刘、张、邱等姓汉人。他们入闽后，多居于宁化一带，其后代也因宋末为避乱而转徙入饶。入饶汉人另一支是由江西经韶关或经揭阳、潮州转徙而来的。"[1] 移民进入饶平后，择地而居，河岸阶地、山间盆地以至于山坡地都散落着点点聚落，形成了新的聚落景观。

经过宋以来的开发，饶平人口增长、经济社会持续发展，迨至明成化十三年（1477）增设饶平县，是饶平历史的转折点。建县之初，饶平"地广人稀，全县面积近5000平方公里，人口仅9.29万"[2]。明、清两代人口稀少，密度每平方公里2～10人[3]。饶平"土著居民后来演变为黎、壮、瑶、畲、苗等少数民族，他们退居山区，保留自己的民族文化地图"[4]，据清光绪《饶平县志》记载[5]：

> 徭人，今名輋客，有四姓：盘、蓝、雷、钟。自谓狗王后，男女皆椎髻跣足，依山结茆为居。迁徙无常，言语侏㒧不可辨，刀耕火种，不供赋役。善射猎，以毒药涂弩矢，中

---

① 饶平县地方志编纂委员会编《饶平县志》，广东人民出版社，1994，第174页。

② 饶平县地方志编纂委员会编《饶平县志》，广东人民出版社，1994，第209页。

③ 饶平县地方志编纂委员会编《饶平县志》，广东人民出版社，1994，第184页。

④ 司徒尚纪：《广东文化地理》，广东人民出版社，1993，第11页。

⑤ 光绪《饶平县志》，收入《中国地方志集成·广东府县志集》，上海书店，2003，第92页。

兽立毙。居于本县深山中，白沙潭、杨梅山、凤凰山、平
溪、柘林、葵塘等处。

至明清以后，饶平居民主要为汉族。全县现有畲族人口 400
多人，饶洋镇蓝屋村是畲族聚居的少数民族村，其他畲族分散居
住在上饶、三绕、凤凰、浮山、樟溪等山区。

大量有待开垦的土地和较为完善的水利设施无疑吸引了更多
的移民继续迁入。他们或为商贾或为垦殖，举家迁入饶平者络绎
不绝。凤山楼村开基始祖南涧公，就是在这一时期，于明崇祯三
年（1630）从福建诏安迁入饶平的，开始了在凤山下开村创业、
建设新家园的历程。明清时期，饶平沿海地区一直是防御倭寇和
海盗的重点地区。为加强海防，沿海一带设有大埕所城、柘林寨
等军事要塞。明代实行"世兵制"，卫所的军官初期大多来自陕
西、安徽、河南、河北等地[1]，他们在驻防保卫边境安宁的同
时，还积极建设盐场，发展盐业生产。从而在所城、盐场附近聚
集了一定人口，形成了新的聚落。所城、柘林、海山、洪洲一带
的沿海聚落在这一时期已初具规模。

饶平县既有北部发达的客家文化作为依托，又拥有南面得天
独厚的海洋文化的资源，孕育出独具魅力的地域文化。在文化地
理上，饶平县属粤东福佬文化区[2]。县北部和属于粤东北客家文
化区的大埔县相连，两县在历史上还曾一度同属饶平县。县东部
界邻闽南，"潮州为闽、越地，自秦始皇属南海郡遂隶广至今，
以形胜风俗所宜则隶闽者为是"[3]，是闽粤语系风俗文化大群落
的一部分。饶平县内潮州话和客家话并存，潮客混居。使用客家

---

① 政协广东省委员会办公厅、广东省政协学习和文史资料委员会编《广东近
代要塞》，2007，第 13 页。

② 司徒尚纪：《广东文化地理》，广东人民出版社，1993，第 394 页。

③ 王士性：《广绎志》，中华书局，1981，第 101 页。

方言的人群约有 21 万人，主要集中在县境北部上善、上饶、饶洋三镇，他们都自称是"客家人"，占全县总人口的 19%。还有少部分人群既讲潮州话又讲客家话，主要居住在新圩镇西坑村、后头村、上禾村、梅林村、龙塘村以及永盛村等村落。同时使用潮客两种方言的人群有 2000 多人，他们认为自己是"潮州人"，占全县总人口的 1%。而在饶平更广大的区域，即生活在新丰镇杨康村、漟东村、漟西村、溪东村以南的人群讲潮州话，超过 80 万人，他们称自己是"潮州人"，占全县总人口的 80%①。2013 年，凤山楼村人口 1129 人，234 户，外出汕头、澄海、潮州务工经商者 26 人。村民都为农业人口，讲潮州话，称自己是潮州人。

---

① 根据黄冈河调查队资料整理统计。

第三章

凤山楼探源

据《凤山楼沈氏族谱乡志》记载，凤山楼村于明崇祯三年（1630）创建。今福建省漳州市诏安县科下村是凤山楼沈氏的迁出之地，始迁祖南涧公与其父兄、妻子等从科下村出发，共同踏上以广东饶平为目的地的播迁之路。而在此前更久远的过去，约在明英宗或代宗年间（1436～1464），福建科下村始祖覆云公，正是从广东饶平迁往福建，迁出地北距凤山楼村 53 千米，即今饶平县新丰镇沈屋村。覆云公迁出时，沈屋村由其兄肇丰公及其后裔留守，累世聚居。至今，沈屋村仍保持着单姓血缘村落的完整性。明崇祯三年，南涧公及其若干代近亲属组成的大家庭，遵循沈氏以整房为单位迁徙的传统，成为在饶平开创新村落的主要力量。他们卜居山脚，结茅而居，开垦耕耘，男女繁衍，化荒丘为乐土，发展成为沈姓血缘村落，几易村名，传至第十九代。

第一节　村名考略

村名和村落息息相关，常常反映出丰富的文化内涵，如村落地理位置、历史渊源等重要信息，是研究村落历史的宝贵资料。"凤山楼"村名因何而来？世代相因还是屡有变更？笔者通过田野调查并结合文献考察，探讨村名渊源和发展历程，厘清了凤山楼村在不同时期曾经使用的不同名称，梳理出一个较为清晰、真实的村落发展线索，有助于认识和分析凤山楼村聚落形态的发生、演变以及聚落开发的过程，是开启凤山楼村历史研究的首要一环。

凤山楼村有一座建于清代的围楼，楼门正上方的石匾额黄地绿字，从右至左阳刻"凤山楼"三字楷书，"凤山楼村"故而得名（见图3-1）。门额没有款识，不知何人题写。村中耆老沈炳友①十分肯定地称，"凤山楼"三字系村里从诏安请来的教书先生叶观海所书。

图3-1　凤山楼大门匾额

"叶观海，字汾浦，拔贡生。博览群籍，富著述，绝意进取。时《县志》自康熙三十年后未修，慨然以文献为己任，补阙拾遗，删繁订误，凡三易其稿始成。"这是民国版《诏安县志》的记载②。1999年版《诏安县志》又载：

> 叶观海（1758～1825），乳名旱，字汾浦，三都宝桥（按：今深桥上营村）人。清乾隆五十四年（1789）拔贡。博览群籍，学问渊博，擅书法，工诗文，绝意仕途，富有著述。
>
> 观海在闽粤地区执教数十年，主讲过诏安县丹诏书院，

授徒于广东饶平、潮州，桃李遍于大乡小村。观海平时善为乡民排忧解难，曾智保被官府诬为"贼乡"的广东饶平鸟仔寮村和诏安县西潭村，使其在官兵压境欲行清剿时化险为夷，免遭厄运。①

县志所记载的"鸟仔寮村"，笔者在凤山楼村调查期间，曾听不少村民提起，大家讲述了一个内容大致相同的故事：很久以

图3-2 后头山西隅

前，就在凤山楼村旁，还有一个很小的村子，叫做"鸟仔寮村"，村庄的位置大概就在后头山的一角（见图3-2）。不知道是什么原因，也不清楚在什么时候，整个鸟仔寮村的人一夜之间全部搬走。从此以后，许多外乡人把凤山楼村当成是鸟仔寮村。对于外人的这种"误认"，凤山楼村人十分不满，认为这是外乡人讥笑他们像鸟仔寮村那样贫穷。一代代的凤山楼村人都坚称，凤山楼村并不是鸟仔寮村，二者只是曾经相邻的两个村庄。

凤山楼村和鸟仔寮村究竟有什么样的关系呢？仅仅是相邻的两个村落吗？凤山楼村会不会就是史料里记载的鸟仔寮村呢？带着这样的疑问，笔者和沈锦龙一同前往福建诏安县，寻访叶观海故里，希望能够获得新发现，解答困惑。我们驱车从

① 福建省诏安县地方志编纂委员会编《诏安县志》，方志出版社，1999，第1105页。

凤山楼村出发，约 20 分钟到达闽粤交界处的汾水关，出关后又行驶约 20 分钟便抵达了福建省漳州市诏安县深桥镇上营村。村老人组成员叶随坤热情接待，带领我们到叶观海故居参观（见图3-3、图3-4），还赠送笔者一本《诏安宝桥叶氏先贤纪迹》。

图 3-3　福建漳州诏安县西潭乡上营村叶观海故居"春酒堂"

图 3-4　叶观海故居"拔贡"匾额

此书由曾担任诏安县政协《文史资料》编辑的傅崇毅编纂，书中记述了叶观海在饶平瑞光台执教的经历，还有《智保鸟仔寮》故事一则①：

清代乾隆末年，诏安有个拔贡叶观海，被广东饶平县鸟仔寮村请去当村塾教书先生。鸟仔寮村坐落在闽粤交界的山沟里，离饶平县城百多里。这里山峦起伏，地方偏僻，村民的生活很苦。这年秋天，由于天灾，水稻失收，人们交不起田粮赋税……鸟仔寮村民抗粮造反的事，震动了潮州府。官府诬说鸟仔寮"出土匪"，是"贼乡"，决定派官军去清剿。消息传来，全村男女老少都惊惶不安，村里的族长更是终日惶惶。他们听说叶先生足智多谋，便到村塾去请教。

叶观海得知这一恐怖消息，心中也很焦急。他想，官军一来，玉石俱焚，鸟仔寮恐怕从此就要散乡了。他在沉思一番之后，对族长们说："诸位父老请不要惊慌，晚生想出了一个办法，既可保全乡里，又能应付官军，但要付出一些代价。在实行这个办法时，全村要严守秘密，切切不可传扬出去，否则就要遭殃。"

当时的鸟仔寮村，几十户农家都聚居在一个土楼，只有零星几户散居在土楼后二百多步远的山脚。叶观海要族长们在土楼腾出一部分房子，动员住在土楼后山脚的几户村民，连夜把家产杂物全部搬到土楼内去居住。他又叫学生用力磨墨，自己卷起衣袖，铺下白纸，提笔饱蘸墨汁，认真写下了"凤山楼"三个刚劲雄浑的斗大楷字，要族长们即时请泥水匠，连夜把三个大字制成土楼的大门楼匾。

快到年关时，气势汹汹的官军，开到鸟仔寮村来

---

① 傅崇毅：《诏安宝桥叶氏先贤纪迹》，原刊载于《福建故事林》1990 年第 3 期。

了……叶观海指着土楼后山脚的几户农家，向带兵的头人说："鸟仔寮的刁民闻官军要来，数天前就已溃逃外乡。"带兵的头人看到土楼门匾上赫然镌刻着"凤山楼"三个斗大楷字，以为凤山楼同鸟仔寮是两个乡里，便同士兵放火烧掉那几间空房子，以"匪民潜逃，贼乡已毁"，回去向上司交差。鸟仔寮村避免了一场浩劫，从此村名改为"凤山楼"。

　　这篇民间口述文献清晰地指出，乾隆末年，在一个叫鸟仔寮的村子里，生活着几十户人家。一部分村民居住在土楼，少部分散居在土楼后的山脚旁。散居村民建于山脚的房屋，在一次官兵的清剿中被毁于一旦。需要指出的是，文中称鸟仔寮村离饶平县城百多里，恰是今日凤山楼村与饶平县老县城三饶镇的距离①。关于凤山楼的名称，据族谱记载："凤山位于乡的北面，貌似凤凰腾飞，山势十分峻秀，山青林密，云绕山腰。凤山楼乡以此为名，它怀抱和抚育着沈氏子孙成长。"

　　调查中，凤山楼村沈其亲②介绍："沈氏先祖是在明崇祯三年（1630）从福建诏安县太平镇科下村迁来联饶。最早住在后头山的一处尼姑庵旁，为了方便和外界交往，就起了个名字叫做'庵前'。后来村里人丁兴旺，大概在1760年的时候，在山脚下建了一座围楼。"然而，遗憾的是，检视清代和民国方志文献，既没有"凤山楼村"的记载，也没有"庵前村""鸟仔寮村"的任何记录，颇令人费解。历史文献著录的匮乏，使口述资料越

---

①　明成化十三年（1477）置饶平县，县治设于弦歌都下饶堡（今三饶镇）。1953年1月31日，县治迁往黄冈镇。

②　沈其亲（1936～），2010年起以耆老身份多次主持凤山楼村祠祭、墓祭等传统文化活动。凤山楼村清代编修的沈氏族谱在1990年代散佚。沈其亲根据对清版族谱的回忆，作为主要成员参与了《凤山楼沈氏族谱乡志》编修工作。

发显得重要，在研究上有必要给予一定的重视。当然，还需要新
发现和新材料加以印证。

图 3 - 5　《凤山楼沈氏族谱乡志》

图 3 - 6　《沈氏宗谱》

《凤山楼沈氏族谱乡志》
（见图 3 - 5）中的谱系图反映，
凤山楼沈氏先祖的祖居地有沈
屋村和科下村两处。时至今日，
凤山楼沈氏与之互通声息，往
来联谊。笔者调查期间，实地
踏访了地处饶平县新丰镇的沈
屋村，以及位于福建省漳州市
诏安县的科下村。这两个村落
保存完整，至今仍是沈氏单姓
血缘村落，村内建有祠堂，保
存有族谱。

　　新丰镇沈屋村的《沈氏宗
谱》（见图 3 - 6）重修于 1992
年。沈屋村沈氏尊奉"雪涧
公"为"大始一世祖"。谱载：
"八十五郎公讳雪涧公，妣李
氏妈，生二子。长子肇丰即吾
祖。次子覆云，派福建省诏安
县科下、新营、太平、林塘、
榕城，包括饶平赤坑、凤山楼，
人口四万多人。繁衍子孙荣华
昌盛，枝繁叶茂。"[1]

---

[1]　《沈氏宗谱》，第 11 页。由沈屋村沈氏裔孙沈营 1992 年编修。

诏安县科下村的《沈氏族谱》系清同治十二年（1873）重修本（见图3-7），毛笔小楷，宣纸线装，保存较好。科下村沈氏尊奉"雪涧公"为"始祖"。谱载："公长子守新丰，阖乡人众，难以尽录。将次子科霞（按：科下村曾用名科霞）、新营沈百五郎部，序也。"① 该谱对于二世祖沈百五郎的记载如下："号为覆荣公②，妣黄氏二娘，生二子。

图3-7 《沈氏族谱》

长寿山公我祖也，次福山公新营祖也。""三世祖寿山公，妣张氏二娘，生五子。次宗宁公科霞房我祖也。"③

宗宁公即四世祖，生有八子，第八子崇海公是"鸟仔寮房祖"。关于崇海公，《沈氏族谱》和《凤山楼沈氏族谱乡志》均有记载。《凤山楼沈氏族谱乡志》称："宗宁公妣陈氏十二娘，生八子。长名崇广、次名崇宽、三名崇德（科下祖）、四名崇政、五名崇敏、六名崇达、七名崇山、八名崇海（我祖）。"④ 再看科下村《沈氏族谱》："宗宁公妣陈氏十二娘，生八子。长崇广公老畬房祖也，次崇宽公，三崇德公，四崇政公，五崇敏公占屋祖也，六崇达公刘屋巷房我祖也，七崇山公刘屋房我祖也，八

---

① 《沈氏族谱》，第31页。
② 《沈氏宗谱》和《凤山楼沈氏族谱乡志》均记载为"覆云公"。本书统一采用"覆云公"。
③ 《沈氏族谱》，第31~32页。
④ 饶平县沈氏凤山楼乡族谱乡志编纂委员会编《凤山楼沈氏族谱乡志》，第11页。

崇海公鸟仔寮房祖也。（凤山楼）"① 这行竖排文字末尾的"（凤
山楼）"，为钢笔繁体字，显然是后人添补于谱中。

在凤山楼村围楼之内，建有沈氏宗祠厚德堂。祠堂内供奉着
太始祖及各世公妈神位，尊奉雪涧公为一世祖，鸟仔寮房祖崇海
公为五世祖，与族谱所载世系完全吻合。据此可以推断，凤山楼
村的前身就是鸟仔寮村。凤山楼沈氏选择性遗忘鸟仔寮村，是对
于"抗粮造反"的忌惮，还是出于遵循"严守秘密"的约定，
抑或是对违反之就要"遭殃"的心有余悸，已经不得而知。重
要的是，今天，凤山楼沈氏依旧在沈氏宗祠内供奉着崇海公神
位，尊称其为五世祖。

溯流探源，凤山楼村的前世渐渐清晰。在沈氏卜居于后头山
坡始建居住点时，结合地理特点和庙庵的位置关系，给村落命名
"庵前村"。时光推移，在围楼建成使用之际，仍旧有部分村民
居住在后头山坡处，这两处居住区域同时并存和使用过一段时
间，村落一度名为"鸟仔寮村"。"寮"在潮汕话和闽方言中是
指搭竹木茅草为屋，称"打寮"②。可以想象，在围楼建成前后，
"结茅而居"仍是村民建造房屋的一种主要方式。再度更改村
名，则始于乾隆末年的一场浩劫，村民们主动放弃了后头山坡的
居址，茅寮被官兵以大火焚毁，空留荒丘一片。那时的"凤山
楼村"特指存续使用至今，位于后头山脚下的双环围楼——凤
山楼。

明末迨至清乾隆末年，在近 140 年中，凤山楼村曾经三易其
名，代表了村落发展相应的三个阶段。庵前村、鸟仔寮村、凤山
楼村分别采用以位置关系、房屋建造材料与方式、主要自然景物
等命名的方式，反映出在聚落选址、营造方式、发展规模等方面

---

① 《沈氏族谱》，第 32～33 页。
② 林伦伦：《地名学与潮汕地名》，艺苑出版社，2001，第 52 页。

的丰富内涵。新中国成立后，凤山楼村还曾一度改名为"凤光村"①。更名是为了与凤山楼村南面，隔着联饶溪与之相望的星光村、春光村的村名，在形式上对称与统一。1986 年撤乡改镇时，又恢复使用"凤山楼"村名（见表 3-1）。

表 3-1　中华人民共和国成立后凤山楼村曾使用村名一览

时间	村名	隶属
1949 年	凤山楼乡	饶平县高堂第八区公所
1957 年	凤山楼村	饶平县凤江公社联山乡
1966 年	凤光村	饶平县联饶公社联山大队
1986 年	凤山楼乡	饶平县联饶乡
1989 年	凤山楼管理区	饶平县联饶镇
1999 年至今	凤山楼村	饶平县联饶镇

资料来源：凤山楼村村民委员会提供资料。

第二节　迁徙路线

关于凤山楼沈氏来历，据《凤山楼沈氏族谱乡志》记载："一世太始祖聃季公是周文王第十子，辅助成王，竭尽忠诚，受封沈国之君，遂以沈为姓。"② 其后，沈氏历世延绵，辗转播迁，"始河南，封吴兴，盛江浙，徙苏州，续迁闽，后入粤"③。"及宋南渡，迁移四方，惟太一郎廷辅，奔于福建建宁府建阳县居焉。生八子，均用木旁命名"④。"八男名枝行，八郎居上杭县古田里围下（蛟洋村）倒湖池。迁移南坑饶平县新丰乡，离县城

① 饶平县地方志编纂委员会编《饶平县志》，广东人民出版社，1994，第 123 ~ 128 页。
② 饶平县沈氏凤山楼乡族谱乡志编纂委员会编《凤山楼沈氏族谱乡志》，2009，第 3 页。
③ 饶平县沈氏凤山楼乡族谱乡志编纂委员会编《凤山楼沈氏族谱乡志》，2009，第 3 页。
④ 《沈氏宗谱》，第 7 页。

十五华里，此枝公吾祖"①。明崇祯三年（1630），由"入粤七世祖南涧公、邱氏妈带着儿孙，来到凤山楼这块宝地"开村创业②。

对于族谱记载史料的真实性问题，史学家谭其骧曾经指出："谱牒之不可靠者，官阶也，爵秩也，帝王作之祖、名人作之宗也。而内地移民史所需求于谱牒者，则并不在乎此，在乎其族姓之何时自何地转徙而来。时与地既不能损其族之令望，亦不能增其家之荣誉，故谱牒不可靠，然惟此种材料，则为可靠也。"③那么，完全可以依凭《凤山楼沈氏族谱乡志》，于闽粤两省溯流而上，寻访沈氏入粤一世祖雪涧公祖居地和凤山楼村开基祖南涧公迁出地。考证其在广东、福建之间往返迁徙的时间与路线，并对凤山楼沈氏祖先的祖居地面貌及其文化做初步的认识。

《凤山楼沈氏族谱乡志》称入粤一世祖雪涧公为"广东饶平新丰开基祖"。新丰指今天位于饶平县新丰镇的沈屋村，这是一个规模很小的沈氏单姓血缘村落，2013年全村共44户242人，在家中讲客家方言，也会讲一点潮州话，称自己是"客家人"。村内建有祠堂和围寨，村民主要从事农业生产。沈屋村与凤山楼村相距53千米，地处饶平县北部山区，黄冈河上游。村落坐北朝南，背靠大山，位于新丰镇新光居委会以南200米处，面积0.2平方千米，南至工业园，北至下老屋村，东至溪坝村，西至宫前村。村南边的农田一直延伸到新丰镇工业园边沿，工业园以南即是222省道。沈屋村分为东、西两片居住区，早期居住区位于村东，主体建筑是一座围寨，居住着全村居民。1971年，为了改善居住条件，村民共同商议决定，把村西边沈氏宗祠后的土丘夷平，按照村东老围寨的形制，以宗祠为中心点新建一座有

---

① 《沈氏宗谱》，第8页。
② 饶平县沈氏凤山楼乡族谱乡志编纂委员会编《凤山楼沈氏族谱乡志》，2009，第1页。
③ 谭其骧：《长水集》（上），《湖南人由来考》，人民出版社，1987，第356页。

43 间房屋的两层弧形围寨，围寨前开挖一方池塘（见图 3 - 8、图 3 - 9）。新围寨建成后，村民整体迁入，东区老围寨便逐渐荒废，后因长期无人居住，老围寨在 2003 年前后倒塌。近两年，一些在深圳、广州打工，拥有了一定经济实力的村民，又在倒塌的老围寨原址上建起了一栋栋小楼，遂有一部分村民从村西围寨中迁出，搬回到村东居住。

图 3 - 8　沈屋村（自南向北拍摄）

图 3 - 9　沈屋村围寨东侧入口

　　沈屋村沈氏宗祠始建年代不详，堂号泳锡，据说已有400多年历史。祠堂面阔三间，两进夹一天井，面宽12.1米，进深19米，地理坐标为 E：116°50′57″，N：24°3′21″，大门朝向SW12°。门额阳刻"沈氏宗祠"，大门楹联书"祠建新丰屯地既是山灵水秀，始居广福二省自当源远流长"，既表明了沈屋村的宗派渊源，更表达了沈氏后裔对故土的无尽眷念。泳锡堂内供奉着沈氏先祖"武德侯祖"及夫人两尊神像，陈设有奉祀入粤一世祖雪涧公的香炉，香烟缭绕（见图3-10、图3-11）。

图3-10　沈屋村沈氏宗祠——泳锡堂

图3-11　泳锡堂内武德侯祖公妈神像

雪涧公是沈氏入闽一世祖廷辅公第八子枝公派下裔孙，"为了光宗耀祖，继承陈氏妈遗志，从此在南坑新丰"①。雪涧公生有二子，留居沈屋村的是长子肇丰公一支，繁衍至今已历二十一代；"次子覆云公派福建省诏安县科下、新营、太平、林塘、榕城（包括饶平赤坑、凤山楼），人口四万多人"②。有关廷辅公为"福建开基之始祖"，在沈屋村《沈氏宗谱》中有较为详细的记载：

> 启承公字文贤，号明源，娶陈氏生子名廷辅。自启承公起复居苏州，派衍子孙于杭州、湖州，奕世簪缨。及宋南渡，迁移四方，惟太一郎廷辅，奔于福建建宁府建阳县居焉，生八子，均用木旁命名。长椿、次楸、三松、四柏、五桂、六榕、七根、八枝吾祖。故称八木公派。因兵乱不息，分迁各地。③

宋室南渡之际，廷辅公由苏州迁入福建建宁府建阳县，称为入闽一世祖；其第八子枝公的第八代裔孙雪涧公，大约在明英宗或代宗年间（1436～1464）迁入广东饶平；雪涧公次子覆云公当在15世纪末从饶平迁出，返回福建定居于诏安县，凤山楼村系覆云公派下之裔孙二度迁入广东开创的血缘村落。

与新丰镇沈屋村不同的是，福建省漳州市诏安县太平镇科下村是一个规模很大的沈氏单姓血缘村落，2013年全村有768户2865人，以农业为主。村民不仅会讲闽南话，也能说客家话和潮州话，并以客家话为主要语言，称自己是"客家人"。客家方言是科下村沈氏在家中使用的唯一语言，只有出外和讲闽南方言

---

① 《沈氏宗谱》，第10页。
② 《沈氏宗谱》，第11页。
③ 《沈氏宗谱》，第7页。

的人群接触时，他们才使用闽南话进行沟通交流。更因为村落地
处闽粤交界地带，与潮州人接触交流颇多，因而科下村沈氏世代
也都能听会讲潮州话。科下村四面环山，南与庵前村接壤，东与
文山村相邻，西接白叶村，北与林堂村毗连。科下村与同为沈姓
的林堂村和庵前村是同宗。每年正月十五日，林堂村和庵前村都
要到科下村接武德侯祖神像，前往本村巡境出游，以供村民瞻仰
祭拜，构成了以血缘为纽带的祖先信仰圈。武德侯祖神像就供奉
在沈氏祖祠崇德堂，这座祠堂建在名为"大楼"的围楼之内。
科下村按照大房和二房在村内划分"上学"和"下学"两大片，
两房人分片而居，各自建有属于本房派的围楼，全村大小围楼计
有12座之多，按形制分为圆楼、方楼、畚箕楼（见图3-12、
图3-13、图3-14）。属于全村都有份（共有）的围楼就只有这
座形如畚箕的"大楼"。

图 3-12　科下村全景图局部

图 3-13　科下村沈氏祖祠——崇德堂

图 3-14　崇德堂内武德侯祖神像

　　覆云公长子寿山公留居在科下村,次子福山公则迁往 5 千米以外,是诏安县新营村开村始祖。覆云公的两房子孙人丁旺发,新营村的规模远远超过科下村,如今已发展成为 5000 多人口的大型单姓血缘村落。《沈氏族谱》十分详尽地记载了寿山公一支的繁衍情况,谱中《房祖考承袭歌》云①:

————————

① 《沈氏族谱》,第 7 页。

八十五郎①即是儿，名讳封荣难敢减，

声传墓氏志存兹，南塘公系卓（黄）村子，

此個昭彰不复疑，高祖寿山南塘子，

择处南坑做祖基，育宗权宁政达德，

曾祖兄弟无贬辞，分异各生三四子，

宗宁独生八英儿，祖居第七名崇山，

号令如雷震一时，生子七人祖科下，

……

寿山公生宗权、宗宁、宗政、宗德、宗达五子，五个儿子又生不少于二十子。繁衍到第三代时，男丁人数已是第一代寿山公时的 25 倍甚至更多。宗权、宗政、宗德、宗达先后分房外殖，仅留宗宁公一房居科下村。宗宁公生有八个儿子，"第八子崇海公，鸟仔寮房祖也（凤山楼）"。凤山楼沈氏尊崇海公为五世祖。

自明以后，诏安县内土地日益集中，赋税徭役加重，不断有居民向外迁徙。据地方志记载："有组织的迁徙始于崇祯三年，是年闽南大旱。"② 沉重的赋税负担，有限的土地资源和严重的自然灾害是沈氏被迫迁徙、离乡背井的外部原因。科下村沈氏繁衍旺盛，人口迅速膨胀，在一个相对紧凑和局促的空间里，人地关系面临空前紧张的状态，则是其外迁求生存和谋发展的内部动因。

沈氏在闽粤两省之间辗转迁徙，始于宋室南渡之际，六十六世太一郎沈公定居于福建建宁府，到七十四世雪涧公始迁广东饶平新丰，七十六世覆云公又迁回福建诏安，明末八

---

① 八十五郎即雪涧公。

② 福建省诏安县地方志编纂委员会编《诏安县志》，方志出版社，1999，第989 页。

十世南涧公一支再回广东，于饶平开创凤山楼村，历四百年十五代人。沈氏固守整房迁移，共同踏上开拓播迁之路，祖居地交由族人留守的迁徙传统，在空间上形成的迁徙通道，正是沈氏血缘支脉扩张和延伸的管道，并在一个个迁入地，成长发育为新的血缘村落。他们就像蒲公英散布在闽粤交界地带的万水千山之间，依靠血缘和亲情的凝聚力落地生根，顽强生长，聚居成落，始终保持血缘组织的独立（见图 3 - 15）。沈氏在闽粤两地先后创立的沈屋村、科下村、赤坑村和凤山楼村，从山区逐渐向沿海靠近，具有自北向南迁徙的态势。村落选址无一例外依傍大山，居住区建造在山脚。村落建有围楼，或为单层或为两层楼，有圆形、方形、弧形、畚箕形等，形态多样。村内祠堂肃立，祖先神武德侯祖像威严庄重，族谱齐备，流传有序。

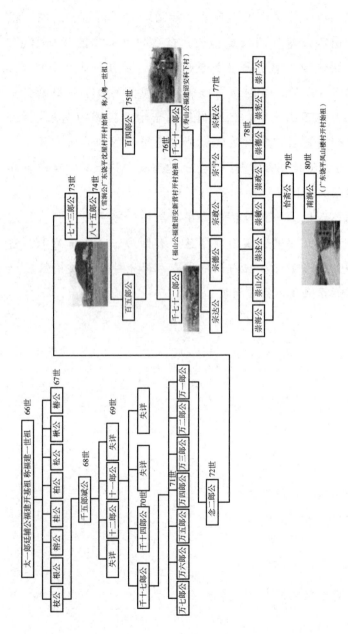

图 3 - 15　沈氏自福建一世祖至凤山楼村开基祖谱系

第三节　表谱世系

　　《凤山楼沈氏族谱乡志》记载的谱系图分为两部分。第一部分谱系的编纂，主要依据福建省漳州市诏安县新营村所藏族谱。从一世太始祖聘季公始，依辈序向下一一列示，直至凤山楼村德刚公、居衷公、兆述公等十六位先祖止。世系上由一世祖至八十七世祖，共八十七代人。时间上自周文王至清末，近三千年。第二部分主要记录凤山楼沈氏自八十七世祖之后的血脉繁衍。辈序没有采用从八十七世往下的编序方式，而是将第一部分谱系中的七十四世祖雪涧公尊为一世祖，七十八世祖崇海公尊为五世祖，并采取以公派为单元，再按照辈序逐一记述的原则接续记载。该部分世系中，最晚的辈序排到二十四世，为居衷公派后裔，出生于 1989 年 11 月，是凤山楼沈氏的第十九代。

　　凤山楼沈氏尊奉崇海公为五世祖，尊奉崇海公之孙南涧公为七世祖，这是一脉相承的血缘关系。五世祖以上的各位先祖，在沈氏宗祠厚德堂内的神位中被笼统罗列在一起，文字表述为：太始祖考汉兵部尚书讳勋沈公，妣浩（按：应为诰）赠一品夫人林氏妈，暨合祠众位先祖公妈神位。五世祖以下，又分别人物，按照左昭右穆的原则，排列至十一世（见图 3-16）。这样看来，尽管《凤山楼沈氏族谱乡志》尊称饶平县新丰镇沈屋村开村始祖七十四世祖雪涧公为一世祖，但是，根据凤山楼村沈氏宗祠陈列神位的方式，足见崇海公地位在凤山楼村的显赫与重要，鸟仔寮村和凤山楼村的关联一目了然，尊祖敬宗，传承有序。

九世祖 考象宇沈公 妣胡氏妈　　十一世祖 考利宇沈公 妣□氏妈

九世祖 考洪瞵沈公 妣黄氏妈　　十一世祖 考惟贤沈公 妣钟氏妈

七世祖 考南涧沈公 妣邱氏妈　　十世祖 考教朴沈公 妣□氏妈

五世祖 考崇海沈公 妣王氏妈 妣朱氏妈　　十世祖 考龋班沈公 妣王氏妈

太始祖 考汉兵部尚书讳勋沈公 妣诰赠一品夫人林氏妈

合祠众位先祖公妈神位

六世祖 考怡乔沈公 妣王氏妈　　十世祖 考及三沈公 妣□氏妈

八世祖 考耀崑沈公 妣张氏妈　　十一世祖 考宪臣沈公 妣陈氏妈 妣何氏妈

九世祖 考成德堂沈公 妣□氏妈　　十一世祖 考钦锡沈公 妣□氏妈

十世祖 考科选沈公 妣陈氏妈　　十一世祖 考朝荣沈公 妣林氏妈

图 3-16 凤山楼厚德堂祭祀太始祖及各世公妈神位牌

资料来源：凤山楼村沈氏宗祠厚德堂内供奉神位。

关于开村始祖，《凤山楼沈氏族谱乡志》称："沈氏凤山楼乡，于明崇祯三年即 1630 年左右，由我入粤七世祖南涧公、邱氏嫣（按：此字应是'妈'的笔误）带着儿孙，来到凤山楼这块宝地，开荒种地、捕鱼、纺纱织布，日子越过越好，至今衍传 379 年。"① 族谱也记载了南涧公及其子孙三代人的基本情况："七世祖，南涧沈公，妣邱氏妈。为凤山楼创乡始祖。公坟地未详。妈坟地在林厝寮村西侧（蜻蜓点水）。公生一子耀崑。八世祖，耀崑沈公，妣张氏妈、妣陈氏妈（未过门卒）。公坟地在本村惠灶埔，张氏妈坟在葵林埔樟脚。陈氏妈坟地在诏安县坪路村。张氏妈生二子，养一子。长名洪畴沈公，次名宇象沈公，养子成德堂沈公。"对于南涧公父亲怡斋沈公，族谱记载得极为简略，称："六世祖，怡斋沈公，妣王氏妈。公妈生终情况未详，坟地无可考。"②

从《凤山楼沈氏族谱乡志》的记载可知，怡斋公和南涧公都是独子，两代单传。不排除一种可能性，怡斋公一支从诏安全体迁出时，这支西迁饶平的队伍由怡斋沈公率领，由其子南涧公等其他家庭成员组成。正值壮年的南涧公是大家庭的支柱，实际上成为辟荒拓土、创建村落的主要力量和重要领导者，立下了难以磨灭的功绩。编纂于清同治十二年（1873）的《沈氏族谱》称怡斋公的父亲崇海公为鸟仔寮房祖，意指崇海公一房的子孙悉数迁出科下村，并开创了一个新的村落——鸟仔寮村，崇海公因而成为"鸟仔寮房祖"。而 2009 年编纂的《凤山楼沈氏族谱乡志》则称南涧公为凤山楼村开村始祖，这一提法，与忘却鸟仔寮那段辛酸的历史、与南涧公在创立村落中所发挥的关键作用等，可能都有一定关联。这样的记叙，笔者认为，既是族谱编纂者的一种技

---

① 饶平县沈氏凤山楼乡族谱乡志编纂委员会编《凤山楼沈氏族谱乡志》，2009，第 1 页。

② 饶平县沈氏凤山楼乡族谱乡志编纂委员会编《凤山楼沈氏族谱乡志》，2009，第 11 页。

术性选择，同时也考虑并尊重了血脉传承。

根据《凤山楼沈氏族谱乡志》记载，耀崑公生育洪畴、宇象两子，从而一改三代单传的少子局面，又从有血缘关系的诏安县新营村抱养一子，从而分出三房子孙，开枝散叶，人口增殖。二房成德堂公繁衍到第三代时，子孙绝大部分迁往潮安、泰国。此后二房日渐衰落，2013年仅有三户丁口9人生活在凤山楼村。于是逐渐改称洪畴公一支为"顶房"，宇象公一支为"下房"。两房子孙日蕃，支分派衍，成为村落发展主要力量的是佑启堂公派、思成堂公派、明德堂公派和顺德堂公派。

顶房洪畴公生育三子。长子科选公一支经历几代繁衍，分出顺德堂光裕公派、明德堂崑山公派、思成堂仰翰公派。各公派瓜瓞绵绵，其下又形成若干小公派。顺德堂光裕公派再分出如皇公派、拔茅公派、远盛公派；明德堂崑山公派再分出德居公派、居儒公派、德刚公派；思成堂仰翰公派再分出居先公派、居安公派、居和公派、居衷公派、居勋公派、居明公派。科选公后裔形成的光裕、崑山、仰翰三大公派，后世分出12支小公派，成为顶房最有实力的一支。洪畴公次子胶破公一支在清代整体迁至饶平县海山一带，此后与凤山楼村再无联络，情况不明。洪畴公三子餚琏公形成裕德堂餚琏公派①，后世繁衍人口较少，其下再没有开立新公派。顺德堂光裕公派、明德堂崑山公派、思成堂仰翰公派、裕德堂餚琏公派共同构成了凤山楼村沈氏顶房这一房族（见表3-2）。

下房宇象公生育独子，系十世宪臣公，再传仍为单支，为十一世朝宾公。朝宾公衍有三子，开立佑启堂朝宾公派。后世子孙再分出文英公派、锦生公派和茂周公派。以茂周公派人口最为兴旺，又分出智慧公派和智信公派，进而在智慧公派下又形成兆述公派、新兴公派和旺公望公派，在智信公派下又形成兆安公派、

---

① 餚琏公葬于凤山楼村前湖山，后世以安葬处地名称其为前湖公。

兆继公派和兆端公派等小支派。宇象公膝下单传，仅开立佑启堂朝宾公派，但其下子孙特别是茂周公派繁衍昌盛，显示了很强的生命力，是凤山楼村开拓和建设的重要力量（见表3-3）。

表3-2　顶房洪畴公裔孙开立公派

世系 公派	顺德堂光裕公派			明德堂崑山公派			思成堂仰翰公派			裕德堂餙琏公派
十世	科选公			科选公			科选公			餙琏公
十一世	惟贤公			惟贤公			惟贤公			钦锡公
十二世	光裕公			道立公			道立公			埔仔公
十三世	如皇公	拔茅公	远盛公	崑山公			仰翰公			元定公
十四世				德居公	居儒公	德刚公	居先公 居衷公	居安公 居勋公	居和公 居明公	

资料来源：《凤山楼沈氏族谱乡志》。

表3-3　下房宇象公裔孙开立公派

世系 公派	佑启堂朝宾公派					
十世	宪臣公					
十一世	朝宾公					
十二世	文英公	茂周公				锦生公
十三世		智慧公			智信公	
十四世		兆述公	新兴公	旺公望公	兆安公	兆继公	兆端公

资料来源：《凤山楼沈氏族谱乡志》。

第四章
围楼筑屋居凤山

　　凤山楼村是具有历史积淀的农业村落，历史风貌和空间布局保存完好。居住区自西向东呈块状分布，长约470米，宽约195米，大体上可以分为东西南北四片区域。西区统称为大宫脚，由大宫脚前一巷、大宫脚前二巷、大宫脚仔巷、大宫脚一巷至八巷等组成；南区由凤山楼、田塅一巷、田塅二巷、水美祠巷、四德堂后巷、明德堂后巷、思成一巷至思成四巷西段、思成五巷等组成；东区为思成一巷至思成四巷东段、学校脚前后巷；北区为后头一巷至后头四巷。在村落生成和发展的漫长岁月中，曾于不同时期进行多次扩建，自西向东和向北不断地拓展空间。民居、祠堂、庙宇等乡土建筑，呈现出不同时期的建筑特点，清晰地保留着村落历次扩建与改建的轮廓（见图4-1）。民居仍由创建者的后裔居住和使用，祠堂和庙宇依然发挥独特功能。戏台、水井、桥梁等与之共同组成村落建筑的大系统，构成村落形态，塑造整体环境风貌。

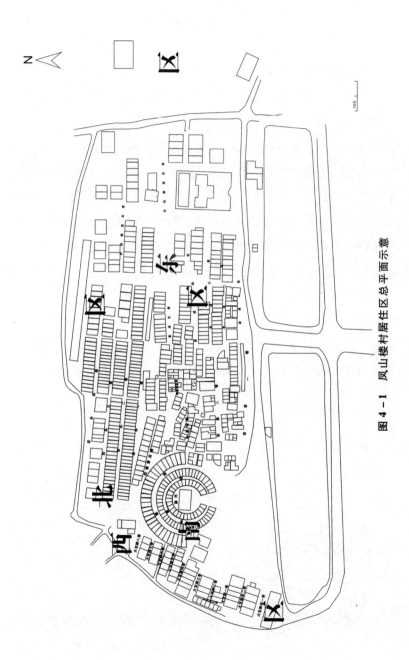

图 4 – 1　凤山楼村居住区总平面示意

第一节 民居及分布

民居是人们生活的重要场所，其平面形制的安排和生活需求的联系最为密切。以平面形制为标准，可以将凤山楼村的民居分为四种基本类型，即环形民居、纵长方形民居、三合院民居、四合院民居。环形民居的平面由居住单元沿着圆周围合而成，有单环、双环乃至三环相套，称为围楼、土楼、围寨，是潮汕地区最具代表性的民居类型之一，也广泛分布在粤东北客家地区和闽西、闽南。纵长方形民居不仅是凤山楼村建造数量最多的民居，也是饶平各镇街使用最为普遍的民居形式，潮汕地区称为"竹竿厝"，平面为纵向单开间，厅房合一，一户一间。三合院民居平面呈"凹"字状，潮汕地区人们形象地称之为"爬狮"或"下山虎"，中部为厅堂，两端为卧室。四合院民居平面呈"口"字形，潮汕地区称之为"四点金"，它在三合院民居平面基础上加一前座，中间开设大门，两边作为居室，中部形成天井。

一 环形民居

凤山楼是一座典型的环形民居，也是凤山楼村独一无二的建筑类型（见图 4-2）。它由位于中心点的沈氏宗祠、合围祠堂的双环、北部弧形建筑物三部分共同组成。凤山楼依后头山坡而建，略呈椭圆形，随地势由南向北逐级略微抬高。内外双环分别称作寨内和寨围，弧形部分称为寨畔，均为一层。凤山楼总占地面积约12亩，寨围半径约 39 米，寨畔前弧长约 120 米，共计有房屋 103

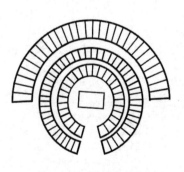

图 4-2 凤山楼平面示意

间，寨围、寨畔各设水井一口。寨内、寨围和寨畔的墙基均以碎石垒砌，墙体用三合土夯筑，木梁瓦面。

　　凤山楼仅开设一扇大门，设在寨围，门楼建成八字形，石质门框，木质门扇，留有安装"趟栊"的洞眼，大门地面距遮檐板4.8米，大门朝向为SE15°。这种将八字形门楼与弧形楼面相结合的方式，不仅使建筑立面层次感更加丰富，而且在门楼的内部与外部，分别形成两个较为开敞的空间。晴天可于此处憩息纳凉，雨天便于从容穿脱雨衣，撑合雨伞，别具匠心（见图4-3、图4-4）。

图4-3　凤山楼八字形门楼

图4-4　村民在凤山楼门楼内纳凉

由大门进入凤山楼，可见寨内入口完全敞开，没有设置门扇。位于中轴线中心点上的沈氏宗祠面向大门而建，满满当当占据了寨内空间，与楼内居住性用房形成巨大反差，显得高大无比。寨内、寨围和寨畔房屋总数 102 间，呈现向心性布局的特点，房门均朝向沈氏宗祠。其中 5 间房屋作为祠堂，1 间房屋作为庙宇，用于村民居住的房屋计有 96 间。寨内 27 间依照门牌编号，按逆时针方向，F13、F15 已倾圮，F14 裕德堂已废弃，F16、F17 废弃。寨围 46 间房屋中 F42 倾圮，F48 维贤祖祠怀德堂和 F50 智慧祖祠崇德堂均已废弃，F61～F64 以及 F68、F69 倾圮。寨畔共有 29 间房屋，F80 居先公祠世德堂仅存外墙，F81 新营祖祠成德堂只剩残墙一堵，F87 关爷厅废弃。

楼内道路均以卵石铺就，利于排水。北部地势逐渐增高，一般相隔 3 米用条石铺设两层台阶，便于上下行走。寨围 F69 门前有一口水井，楼内居民饮水、洗漱，十分方便。在宗祠除外立面的三面外墙根，以及寨内、寨围外墙的墙根处，均可见一条宽约 60 厘米的深沟，沟内堆放各种生活垃圾。这三条深沟既不是排水沟，也不是垃圾渠，村民称之为"肥窖"。为自制农业生产不可或缺的"土杂肥"，自古以来各家各户都在自家房门对面的墙根处挖坑用以储存垃圾，经过一段时间发酵，就变成了肥力很足的土杂肥。年深日久，土坑越挖越大，相连成沟，最深处竟达两米。沈少明居住在寨围，他向笔者形容亲眼所见："我挖到最下面的时候，吃惊极了，沟两边全部是碎石，砌得工工整整，好漂亮啊，像花纹一样。我不敢再挖了，怕动了围楼的地基。"就在肥窖之上，村民又倚靠着外墙搭建猪寮，既节约建材，又便于牲口粪便的收集。猪寮高度普遍在1.5 米左右，约 2 平方米大小，多以水泥板、条石或碎石砌筑（见图 4-5）。

图4-5 在凤山楼寨内外墙搭建的猪寮

凤山楼的内部结构为单元式,一户一间,以土墙完全隔断,规格大小基本相同。每一间的平面呈扇形,前窄后宽,俗称"布袋间",进深9.5米,高5.15米,于中柱至后檐柱间搭建阁楼,用来存放柴草以及闲置农具。初建时,每间不设窗户,只开一门,房门木质,高约1.9米、宽约0.9米,屋面出檐短小,外墙厚达2米。室内以土墙分割形成烹饪与起居两个区域,人畜同住一室,内部阴暗且密不透风。其后,为扩大室内面积和增加采光与通风,多数村民对房屋进行了适度改造。绝大多数房屋的室内土墙被拆除,后壁墙体被从内部削薄,目前墙厚度普遍只有1.3~1.5米。又陆续在房门一侧增开一扇小窗,直到新中国成立,才有个别家庭在后墙增设窗户。也有一部分村民将旧屋翻新或用石材重建,居住条件得到改善。环形民居在造型上别开生面,建筑布局所营造出的聚合团圆感尤为强烈,楼内空间充斥着浓郁温馨的生活气息,一大家人一扇大门进进出出,过着共楼、共井、共祠堂的生活,是一座温暖的大型住宅(见图4-6)。

图 4 - 6　从星光村卫生所楼顶拍摄凤山楼（从南向北拍摄）

二　纵长方形民居

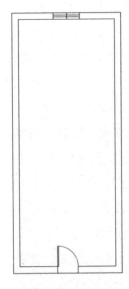

图 4 - 7　纵长方形
民居平面示意

纵长方形民居是凤山楼村数量最多、使用最为普遍的民居类型。自清代开始建造使用，代代相沿，至今仍是村民建造住房的最主要形式。这种纵长方形民居的基本平面为纵向单开间，厅房合一，一户一间，它在平面上的发展演变始终以间为单位，只在进深上进行扩展，面阔较窄而进深不断扩大（见图 4 - 7）。结构上从土木结构已经发展为砖木结构和钢混结构。随着时代推移，凤山楼村纵长方形民居由单间逐渐发展为两进和三进，厅与房分开是最显著的变化。下文以时间为序，对凤山楼村纵长方形民居平面变化做一考察梳理。

纵长方形民居 F238 位于田墘二巷，紧靠在凤山楼东侧，邻德轩以南。据邻德轩房主介绍，邻德轩建于 1833 年，F238 先于邻德轩建成使用，推断 F238 建成时间不会晚于 1833 年。F238 是目前所知凤山楼村建成时间最早的纵长方形民居。建筑面阔 3.6 米，进深 5 米，土木结构。进门右侧设置炉灶，饮食起居都在室内，内部陈设一览无余。房主曾在 2011 年将墙面进行了粉

图 4-8　田墘二巷 F238 外立面

刷，又在大门出口左侧加建了简易厕所，安装了铁质大门（见图 4-8）。

位于田墘一巷的 F179 建于清末民初，这间纵长方形民居从未做过大修，保存着原始面貌。房屋为单间，土木结构，两面坡屋顶，面阔 3.4 米，进深 9.1 米，门框高 1.97 米，宽 0.86 米，大门朝向 SE15°。屋主在大门入口右墙和后墙正中部各开一扇窗户，进门处靠着右侧墙体设置灶台。于中柱至后檐柱间搭建阁楼，存放柴草杂物，有效增加了使用面积（见图 4-9、图 4-10、图 4-11）。

图 4-9　田墘一巷 F179 室内空间

图 4 - 10　F179 外立面　　　　图 4 - 11　F179 灶台

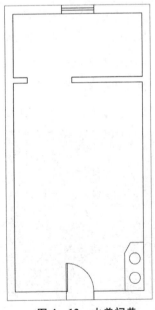

图 4 - 12　水美祠巷
F258 平面示意

位于水美祠巷的 F258 于 1936 年建成，面阔 3.6 米，进深 9.2 米，土木结构。房主在距离后墙 3 米处，于室内加设杉木隔板，将房屋分隔成前后两进，前为起居室，后为卧室，不仅增加了居住的私密性，木隔板青绿的色彩和柔美的造型，令室内环境平添动人色彩（见图 4 - 12、图 4 - 13）。

1949 年后，凤山楼村纵长方形民居在形式构成、结构方式上均发生了一些显著的变化，这种变化更多地受到经济、技术和起居习惯的影响。凤山楼沈氏对于祖祖辈辈普遍使用的纵长方形民

图 4－13　水美祠巷 F258

居不仅钟爱有加，也深谙其优缺点，不断对原有形式做出满足生活需要的适度改造，其在水平方向和竖直方向的流变清晰可考。

　　纵长方形民居在水平方向上的变化，分为三个阶段。第一阶段，向房屋外部拓展空间，房屋内部仍为一进格局。田墩二巷 F243 民居，始建于 1936 年，1960 年重建。房屋坐北朝南，原为夯土平房，现为砖石结构平房。重建时，将房屋东西两侧的墙体向南延伸出约 1.8 米，之间以水泥铺设高约 5 厘米的入户平台，这样就把原来建在室内的灶台移出，安置在大门外靠西墙处，从而有效扩大了室内空间，改善起居环境（见图 4－14、图 4－15）。第二阶段，外部空间转化为室内空间，形成两进格局。思成二巷 F328 始建于新中国成立初期，1988 年改扩建。房屋坐北朝南，土木结构。改扩建时，

图 4－14　田墩二巷 F243 平面示意

图 4 – 15　田墘二巷 F243

保持原有单间格局，只在大门外扩建一进合院天井。在天井东墙建灶台，并在天井入口西墙角处建厕所。天井上以塑料棚遮蔽顶部，光线通透，遮风挡雨。经过改扩建，房屋大门变成了二道门，形成两进格局，房屋进深增加到12 米。这种一进院落天井、一进居室的格局，不仅令使用面积有效扩大，而且空间功能划分更加合理，居住条件大幅改善（见图4 – 16、图 4 – 17）。与之类似，有些屋主在进行房屋改造时，并不将增建的第一进完全封闭，而是作为房前庭院，种植花木、堆放

图 4 – 16　思成二巷 F328

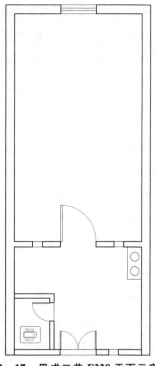

图 4 – 17　思成二巷 F328 平面示意

农具等，显得清新宜人。第三阶段，统一划定平面尺寸，采用三进布局。学校脚前后巷 F439 民居建于 2013 年，按照面阔 4 米、进深 12 米设计。由于有了足够的房屋进深，可在室内进行多样化的空间分隔。总体上看，一进做厅堂，二进做卧室，三进做厨房，是凤山楼沈氏较为常用的空间布局方式。这种纵深长达 12 米的纵长方形房屋，整体性进一步增强，使用上更加科学，提高了居住空间的舒适度。

纵长方形民居屋身的变化主要体现在竖直方向的高度和阳台形态的多样性等方面。清代至民国，前檐墙开一门一窗，保持稳定。如同在水平方向上的变化一样，1949 年后纵长方形民居在竖直方向上的变化也大致经历了三个阶段。

第一阶段，利用内部空间在高度上进行分隔。位于思成二巷的 F342，新中国成立初期建造，以卵石垒砌墙体，室内高度达到 4.3 米。自中柱至后檐柱间搭建阁楼，楼上住人。并在大门上方开设一扇窗户，增加面向阁楼的通风和采光（见图 4 - 18、图 4 - 19）。

图 4 - 18　思成二巷 F342

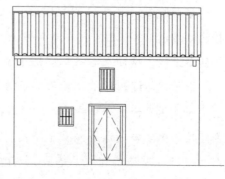

图 4 - 19　思成二巷 F342 立面示意

第二阶段，开始出现二层楼房。田塅一巷 5 号 F175 原为夯土平房，是沈周顺祖辈于民国建造。1982 年，拆除夯土平房并在原地建造两层新房，是凤山楼村较早建造的楼房，总造价千余元。房屋面阔 6 米，进深 6 米，室内高 5.5 米。平面仍为单间，墙体以三合土砌筑，两面坡屋顶。室内靠东墙搭建木质楼梯，水泥楼板（见图 4 - 20、图 4 - 21）。

图 4 - 20 F175 两层楼原貌　　图 4 - 21 F175 两层楼立面示意

第三阶段，自 1980 年代以后，凤山楼村民更多地建造二层楼房，最近十年三层楼房不断兴建。较早建造的二层楼房普遍使用砖混结构，钢筋水泥材料多用于建筑的阳台、挑檐和门窗框等，以替代传统建筑的木构件和石构件。但至迟在 21 世纪初，也仍然使用三合土夯筑墙体，村民称之为"厝斗"。2013 年后，新建楼房更多采用钢筋混凝土结构。2018 年春，沈周顺再建新房，F175 三层楼在原址落成。室内高 9 米，进深 7.8 米，总造价 50 多万元（见图 4 - 22、图 4 - 23）。

图 4 - 22　F175 三层楼新居　　**图 4 - 23　F175 三层楼新居立面示意**

三　三合院民居

凤山楼村有五座三合院民居，岁月流转，清代所建的五座三合院民居中，只有武德流芳保存尚且完整，朝阳轩、傲山居、兰桂轩、近道轩等四座三合院民居，已是面目全非，甚或荡然无存（见表 4 - 1）。从平面形式看，在纵长方形民居的两端向同一个方向加伸，就形成了三合院民居，总平面呈"凹"字状。进入大门即是天井，天井两旁做廊，进深较浅。使用者往往习惯于将纵长方形中部的一间作为厅堂，两端房间作为卧室。在潮汕地区，人们形象地称三合院民居为"爬狮"或"下山虎"（见图 4 - 24）。

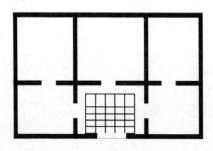

图 4 - 24　三合院民居平面示意

表 4 – 1　凤山楼村三合院民居建筑细部

	楚花	屋脊
武德流芳		
	墙面	楚花
朝阳轩		
	门额	木雕
兰桂轩		
	匾额	木雕
近道轩		

续表

立面	门额
近道轩	

　　"武德流芳"是一座典型的三合院民居，由顶房明德堂德刚公派建造。"土改"时这座三合院重新分配给两户人家居住，在调查表中的编号分别是 F217 和 F218。根据沈炳友回忆，德刚公派在村中先后建造了武德流芳、顶书斋、傲山居、朝阳轩等多座大宅，属于该公派的维笃祖祠在鸦片战争前一年建成，比武德流芳晚了整整 20 年。如此推断，武德流芳建成当不会晚于 1819年。这座三合院民居原名"兰桂滕芳"，德刚公派十七世潮记公执意将其改为"武德流芳"，并为此和十八世亚细公发生过一场激烈争执。如今，亚细公的儿子沈细已年逾八旬，身体硬朗、思维清晰，遗憾的是他并不清楚改名缘由。

　　武德流芳面阔 13.7 米，进深 11.55 米，大门高 2.37 米，宽1.52 米，朝向 SE22°。以条石做墙基，墙身用三合土夯筑，外抹贝灰，木式硬山墙，主体部分是三开间硬山建筑。现在，中间厅堂里堆满柴草，东西两间分别是两户人家的卧室，天井东廊和西廊分别改做厨房和卧室，使用方式上已经不是原先的状态。那些被沈炳友啧啧称奇，被誉为全村最漂亮的灰塑以及精美的木雕等各类装饰，早已烟消云散，荡然无存。唯有天井中的那口八角井保存完好，井水清澈如镜，应还留存着当年"华堂暖情"的美景和回忆（见图4-25）。

图4-25　武德流芳

四　四合院民居

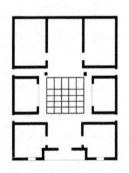

图4-26　四合院民居平面示意

凤山楼村有及锋书屋、顶书斋、邻德轩等3座四合院民居。四合院民居平面形式的中后部与三合院相同，前座中间为大门，两边建造居室，天井居中，形成一个封闭的"口"字，潮汕地区称之为"四点金"（见图4-26）。及锋书屋、顶书斋在"土改"时都被没收充公再重新分配，后有多户家庭搬入其中居住。及锋书屋在一场大火中隳废，幸存的大门与门额现在已是岌岌可危。"及锋书屋"四字苍劲有力，虽然饱经沧桑，斑驳漫漶，却仍旧韵味无穷。顶书斋现今仍有五户人家居住，分割房屋、增建设施，已然不是往日模样。沈炳友称这两座四合院民居是大户人家的风雅别院，他对当年一些细节记忆犹新。他回忆起及锋书屋大门楹联的内容是"及第花先开一品，锋芒笔横扫千军"。顶书斋内部装饰繁复精美，室内墙上悬挂着书有苏东坡诗词的书法作品，上厅供奉骑马的武德侯祖，是一座典雅精致的大型民居（见表4-2）。

表4-2　凤山楼村四合院民居建筑细部

续表

门额	大门
及锋书屋 木式山墙及楚花	灰塑
木雕	彩绘
顶书斋 内部空间	

凤山楼村清代建造的四合院民居只有邻德轩风貌依旧。这座"非典型性四合院"也曾被没收充公，所幸的是分配给了屋主的两个儿子共同居住，才得以完整保存至今，成为考察凤山楼村四合院民居的唯一标本，调查表中的登记号为 F239 和 F240。2013年笔者调查时，只有沈金福一人住在这间老屋，他的弟弟沈金兴多年前搬入后头一巷新屋居住。沈金福出生于 1929 年，他告诉笔者，邻德轩是他爷爷的爷爷建的，至少有 180 年的历史了。邻德轩为抬梁式土木结构，木式硬山墙，从外部看很像是一座三合院，进门细细端详，才发现是一座四合院。沈金福将建房历史娓娓道来，才解开了笔者的疑惑。邻德轩最初的确是按照四点金设计和建造的，房屋建到一半时，前文提及的 F238 建成。这间纵长方形民居建在公派的公地上，恰巧紧靠在邻德轩尚未建成的大门前。如此一来，原来设计在南墙的大门只得改到西墙开设。房屋建成后取名"邻德轩"，正是表达了屋主谦让与包容的美德。

第一次来到邻德轩是在初春时节，三合土屋身和灰瓦山墙斑斑驳驳，刚刚粉刷过的大门外墙，在阳光的照射下发出耀眼的白光。粉墙黛瓦烘托着大门上的石匾额，只见绿彩勾勒出匾额四边线条，阳刻"鄰德軒"，白地绿字，素雅脱俗，古意悠然。朱红色的木质大门对开两扇，墨书"神荼""鬱壘"，虽然没有描绘门神图像，却也平添了英武的格调。大门半掩着，天井里热热闹闹盛开的簕杜鹃争吐芬芳，像是要从门缝中挤出来，又像是在与我们招手，迫不及待邀我们进门探访。

这是一座典雅小巧的四合院民居，布局疏朗，尺度适宜。进门左手上房三间，明间厅堂开敞，面阔 3.93 米，进深 7 米，卧室在明间两侧的次间，左右对称，宽仅有 1.98 米。卧室以杉木板做墙，开一门一窗，门朝向厅堂，窗用梘木竖条，面向下房。卧室内于中柱至后檐柱间搭建阁楼，阁楼板至中柱顶端高约 1.5 米，没有设门，存放一些不常用的家什。下房也是三间，进深浅，只有 3.13 米。这三间房也以杉木板做隔断，用菱花隔扇为门，作为小卧室或储藏室。面对大门的檐廊现在为厨房，又在天井加设一堵石墙，一面作为厨房的内墙，一面作为进门的照壁，照壁前满砌花台，花叶扶疏，上下错落，给小院平添动人春色（见图4-27、图4-28）。

图 4-27　邻德轩大门

图 4-28　沈炳友经常到邻德轩与沈金福（左一）闲话家常

五　民居空间分布

以上分别介绍了凤山楼村环形民居、纵长方形民居、三合院民居和四合院民居的平面及特点。这四种民居类型是通过全面调查、分析归纳后总结的，它们代表了凤山楼村民居的鲜明风格与特点。当然，在特定的地形、经济条件之下，民居的建造，也会呈现其他的形式，如横长方形、曲尺形等，但这些只占民居总量的极小部分，不是凤山楼村民居的主流，故不在此赘述。

将民居的类型演变和分布放在一起考量，是因为民居的建造随着时间的推移和时代的发展，呈现出不同的风貌。有些民居类型不再使用，有些民居的平面在原有基础上做出更适合生活的改进，有些民居类型在沉寂较长一段时间后，重新被建造和使用。从民居在村落中的分布情况，可以看出凤山楼村民居形式演变的历史轨迹；从民居形式的演变，又可以推演出凤山楼村聚落形态演变的规律。

凤山楼位于村落居址的西端，它不仅是凤山楼村唯一的环形民居，也是村落现存最早的民居建筑。凤山楼的建造分前后两期完成，第一期大约在乾隆中期，建成寨内和寨围，形成双环平面形制。建造过程按照由内而外的顺序依次进行，先建沈氏宗祠，而后围绕着宗祠建造寨内，再建寨围。清嘉庆年间，村落人口增殖，又开始了第二期建设，即在寨围以北处进行扩建。由于当时凤山楼大门紧邻池塘与水田，受地形局限，无法建造第三环，只在北边建成一座弧形寨畔。寨畔这种独特的建筑形态，对其后凤山楼村民居建造方式和村落形态的形成均产生了一定影响。在相当长时间里，凤山楼容纳了沈氏一族，一座凤山楼就是一座村落。

纵长方形民居在凤山楼村数量最多，持续兴建，分布极广。

自清代至今，普遍采取一户一间、间间相连成排建造的形式，少则两户两间相连，最长的一排位于后头一巷，由 30 间纵长方形民居相连组成，在村落空间上呈现长短不一、线形分布的特点。若把线形、弧形和环形联系起来，只需将由纵长方形民居相连形成的线形略做弯曲，就可以演变成弧形的寨畔，再弯曲至闭合，能够形成环形的寨内和寨围。无论线形、弧形或环形，形状上的改变一定程度上受到地形等自然条件的局限，并且纵长方形民居相连建造在饶平地区是普遍采用的方式。但对于凤山楼村而言，民居基本上采取这种紧密相连建造的方式，则是沈氏和谐交融的家族文化的一种物质载体和精神体现。因而，线形、弧形或环形这三种民居组合在形态上迥异，在本质上相同。

凤山楼村建于清代的三合院民居、四合院民居，分别由不同公派建造。沈炳友介绍说，清代和民国村内建房按照族规进行，各公派子孙如需建房只能在所属公地上择地建造，不能占用其他公派的土地。凤山楼村的五座三合院民居分属两个公派，武德流芳位于田墘二巷，傲山居位于思成二巷，朝阳轩位于田墘一巷，都属于明德堂公派。兰桂轩位于水美祠巷，近道轩位于思成三巷，都属于思成堂公派。三座四合院民居分属三个公派，邻德轩位于田墘二巷，属于佑启堂公派。及锋书屋位于田墘二巷，属于思成堂公派。顶书斋位于明德堂后巷，属于明德堂公派。这八座建于清代的三合院以及四合院民居集中分布在南区，由此可以划定清代凤山楼村居住址的大致规模以及各公派公地的相应位置（见图 4 - 29）。

对于个体性住宅而言，纵长方形民居体量适度、朴实无华、造价较低，故而自清代迄今，绝大多数村民按此形式建造房屋。三合院和四合院民居可称得上是大型个体住宅，它体量大、装饰精美、投入不菲，只有极少数积累了相当财富的村民才有实力建

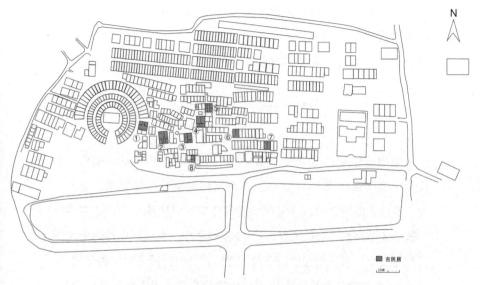

图 4-29 凤山楼村三合院、四合院民居分布示意
①邻德轩；②及锋书屋；③武德流芳；④兰桂轩；
⑤顶书斋；⑥近道轩；⑦傲山居；⑧朝阳轩

造。大型个体住宅的建造还受到政治环境和经济发展水平的影响。在清代、民国，它建造在公地之上，某种程度上代表了公派的财势。在当代，房主需要购买多幅宅基地才能建造，显示的是个人的经济实力。正是由于多种因素的影响，凤山楼村没有形成集中的富人居住区。

从时间上看，环形民居、纵长方形民居、三合院民居、四合院民居清代均有建造。环形民居只在清代出现，此后便不再营建。只有纵长方形民居世代更迭，屡建不废。三合院、四合院民居在清代中晚期出现，正是凤山楼村富有经济实力的公派形成的时期。从空间上看，环形民居位于村落西端，此处是凤山楼村较早开发的居址。清代的三合院与四合院民居从凤山楼旁始建，渐次向东延展，相对集中分布在今天凤山楼村南区。而纵长方形民居则密布于整个村落，气势壮大。从建造方式看，环形民居举全族之力营建，分期完工，整个建设过程跨越了半个多世纪。土木结构的纵长方形民居古往今来由屋主自建，村民互帮互助合力建成。砖混或钢混结构的纵长方形民居则请施工队建造。三合院和四合院民居均由专业队伍承建，耗时长投入大。

第二节　祠堂及分布

凤山楼村有 13 座祠堂，最早的一座祠堂建于 1760 年前后，最晚的一座祠堂建成于 1950 年。有 5 座祠堂现今保存完整，功能不变。其他 8 座祠堂中，一座祠堂建筑完整，但功能已变；还有 7 座局部或完全倒塌，功能不存。这 13 座祠堂中，位于凤山楼内的沈氏宗祠厚德堂，由凤山楼沈氏合族共建，是合祀沈氏先祖的神圣之地。其他 12 座祠堂分别是三大房各自建造的支祠，用以祭祀公派祖先。属于顶房的祠堂有 7 座，其中维笃祖祠明德堂、沈氏祖祠思成堂规模较大、保存完好，贻厥孙谋裕德堂、维贤祖祠怀德堂、居先公祠世德堂等荒废凋敝，顺德堂衰而复兴，还有一座不知名的祠堂已夷为平地。二房只在凤山楼寨畔建造了新营祖祠成德堂，房族迁出无人祭祀，早已坍塌。属于下房的 4 座祠堂中，鹤山祖祠佑启堂、水美祖祠等祠宇华美、功能不变，智慧祖祠崇德堂荒废日久，瑞德堂已改做民居。荒废和变更功能的祠堂均是后人祭祀血缘关系更近的三代祖先的祠宇，统称为"公厅""私己厅"。5 座祠堂和 8 座公厅共同构成了凤山楼村的祠堂系统（见图 4 - 30）

一　沈氏宗祠

沈氏宗祠厚德堂是凤山楼沈氏合族共建的宗祠，祠内供奉太始祖及各世公妈神位。沈氏宗祠始建于 1760 年前后，坐落于凤山楼中心点，其所在位置据称是创村之时，南涧公搭茅寮居住地。为纪念南涧公，后裔选定在此处营建宗祠，围绕宗祠再建造寨内和寨围（见图 4 - 31）。1989 年，凤山楼沈氏捐资修缮。

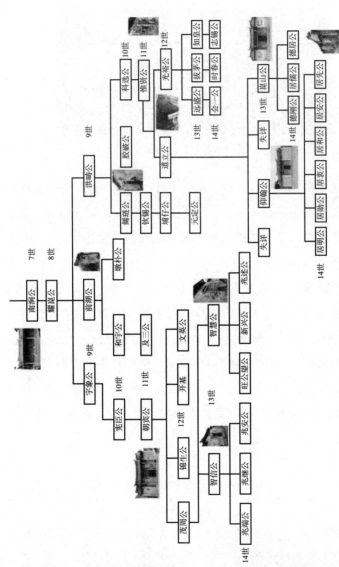

图 4-30 凤山楼村南涧公后裔公派及祠堂一览

注:属于顶房房位的有思成一巷已倾圮的一座公厅,属于下房下房房位的有位于水美祠巷的瑞德堂,因归属不明,故在图中没有体现。

图 4 – 31　沈氏宗祠

　　沈氏宗祠在尺度、规模、形制上都与环绕它的单元民居形成强烈对比，加之处在凤山楼中轴线的突出位置，满满当当占据了中央整个场埕，愈加显得气度不凡。朱红色门屋为木质五开间，面朝围楼大门，朝向为 SE15°。祠堂坐北向南，由前进门厅、天井及东西厢廊、后进寝堂组成，面阔 12.2 米，进深 16.46 米，占地面积约 200 平方米。门楣石匾额阴刻"沈氏宗祠"，楹联书"丹诏家声远，吴兴世泽长"。沈氏宗祠为抬梁式木结构，内部空间较为低矮，檐柱和金柱均为石质，柱身有方形和圆形两种，只有两根方柱并不用柱础，柱身直插入地。建筑简洁朴素，仅以木雕装饰厅堂和檐廊的梁枋，素雕"平（瓶）安（鹌鹑）如意""兔含如意草"等吉祥图案（见表 4 – 3）。

表 4 – 3　沈氏宗祠建筑细部

厅堂	石柱
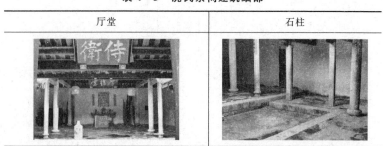	

木雕

梁架

二　维笃祖祠

维笃祖祠明德堂坐落在田垅二巷，位于村落南区，属顶房祠堂，祠内供奉十三世祖崑山公和十四世祖德居公、居儒公、德刚公暨合祠众先祖公妈神位（见图4-32）。

图4-32　维笃祖祠

维笃祖祠是凤山楼村保存最为完好的祠堂建筑，也是唯一一座标有纪年的祠堂建筑。2005年，顶房裔孙捐资修缮。关于始建年代，祠内碑记《维笃祖祠简介》写道：

> 古云物本于天，人本于祖，祖先汗创于前，子孙不可不追报于后也。维笃祖祠始建于道光十九年岁次丁酉①孟秋，公元一八三六年，方向坐壬向丙兼亥己分金。建筑面积九十余平方（按：应为一百九十），据前辈传说总造价三千七百五十龙银；其布极宏伟壮观，堂上雕梁画栋，金碧辉煌，祖龛木雕精巧雅致，大门石刻人物花鸟惟妙惟肖，美不胜收。中堂古典文物陈设，东墙悬挂先祖遗像，西墙古画加冠巨像并朱子治家格言，华灯高悬，赏心悦目。每逢佳节灯烛齐明，众子孙欢聚一堂，同祭祖先不亦乐乎。

维笃祖祠坐北朝南，大门高 2.84 米，宽 1.7 米，朝向 SE15°。祠堂由前进门厅、天井及东西厢廊、后进寝堂组成，面阔 10.83 米，进深 18.2 米，占地面积 197 平方米。门楣石匾额阳刻"维笃祖祠"，楹联书"挹南峰山明水秀，倚北极人杰地灵"，背镌"光前裕后"。明德堂高广严丽，轩敞疏朗，造工精巧，建筑细部充分运用木雕、石雕、彩绘等潮州地方传统装饰手法，表现祠堂建筑的艺术风格。祠堂入口凹斗门的墙面、石柱梁架等均以石雕装饰，花鸟虫鱼，人物故事，无不雕刻得栩栩如生。抬梁式木架构的梁、桁、柱等遍施黑漆装金，还综合运用圆雕、浮雕、镂空雕等多种雕刻手法，不厌其烦地把暗八仙、连（莲）年有余（鱼）图、榴开百子图等吉祥图案，密布在木构件

---

① 清道光十九年应为己亥年，即 1839 年。1837 年为丁酉年。《维笃祖祠简介》中的时间颇有出入。

的每个细部，刻工精细，纹饰繁缛，层层叠叠，达到了气氛热烈、文化内涵丰富的艺术效果。尤其值得一提的是，木构彩绘中出现了西方文化题材的装饰画，画面中有身穿西洋礼服、头戴礼帽、金发碧眼、手持文明棍的西方人，有帆船，有西洋的街景。从一个侧面反映自 15 世纪以来，西方文化在潮汕地区的传播和影响，也体现出潮汕文化对外来文化的兼容并蓄（见图 4 - 33）。

图 4 - 33　维笃祖祠彩绘

祠堂内楹联书"绵世泽莫如行善积德，振家声还须读书做人"，彰显耕读传家、崇文立德的传统人文精神内涵。距维笃祖祠大门前 12 米处，设有一方照壁，外框呈矩形，三合土砌筑，中央壁心主体高 3.33 米、宽 6 米，石刻楹联书"挹南峰辉煌先得彩凤桐千叶，倚北极苍翠独占丹山梅一枝"，两侧小壁高 2.95 米、宽 2.4 米、厚 0.35 米，脊上原有嵌瓷装饰，下用石质壁座承托，隐雕菱形、凤凰等图案（见表 4 - 4）。

表 4 – 4　维笃祖祠建筑细部

厅堂	楚花	照壁
梁架		
木雕		
抱鼓石	石雕	
石柱		

三　沈氏祖祠

沈氏祖祠思成堂坐落在思成一巷，位于村落南区，属顶房祠堂，祠内供奉十三世祖仰翰公和十四世祖居先公、居和公、居衷公、居明公、居勋公暨合祠众先祖公妈神位[1]。祠堂由前进门厅、天井及东西厢廊、后进寝堂组成，面阔 12.2 米，进深 16 米，占地面积 195.2 平方米（见图 4 - 34）。

图 4 - 34　沈氏祖祠

门楣石匾额阴刻"沈氏祖祠"，楹联书"丹诏家声远，吴兴世泽长"，背镌"南峰毓秀"。《思成堂简介》内容如下：

思成堂始建于清初[2]，面积约七八十平方，于上世纪四十年代扩建，面积约二百五十平方，东至解成、庆云，西至村址，南至旷埕，北至巷（按：思成二巷），本堂半世纪来

---

① 沈氏祖祠供奉的神位共书列十四世先祖五人，与族谱世系所载十四世六人有出入，神位中未见十四世居安公。

② 凤山楼建于清乾隆中期，是凤山楼村历史最为悠久的建筑物，沈氏祖祠思成堂在顶房书斋原址兴建，故称思成堂建于清初有失偏颇。

被风吹雨淋，陈旧不堪，经众祠子孙合力集资，和本祠子孙热心捐资，于本世纪初重修，二〇〇七年腊月修葺完工，题款以资纪念。

二〇〇七年腊月

沈炳友告诉笔者，思成堂的前身是顶房书斋，1947年将书斋拆除，在原地兴建祠堂。当村民敲锣打鼓、放着鞭炮，欢天喜地庆祝新中国成立的时候，祠堂尚未完工，工匠正在为梁架上漆。大概是受到新中国成立热烈气氛的感染，思成堂的木构架通身施以大面积的红绿彩，大红与大绿恣意盎然，色彩对比强烈，喜庆和乐的氛围充盈着祠堂内部空间。抬梁瓜柱又施以靛蓝色，增强整体色彩和稳重之感，不失祠堂建筑的庄重肃穆。木雕装饰以狮、龙、花卉、石榴等图案为主，特别是虾蟹满篓的图案极富生活情趣。凤山楼村位于黄冈河中下游，距离饶平县南部海域约16千米，历史上形成了与海洋文化有关的饮食习惯，这样的画面构图，是村民生活的真实写照（见表4-5）。

表4-5　沈氏祖祠建筑细部

立面	厅堂	大门内部
梁架		

四　鹤山祖祠

鹤山祖祠佑启堂坐落在田垅二巷，位于村落南区，属下房祠堂，祠内供奉十一世祖朝宾公和十二世祖锦生公、茂周公、文英公暨合祠众先祖公妈神位。鹤山祖祠坐北朝南，大门高 2.92 米，宽 2.14 米，朝向 SE5°。祠堂由前进门厅、天井及东西厢廊、后进寝堂组成，面阔 9.95 米，进深 15.9 米，占地面积 158 平方米（见图 4 - 35）。

图 4 - 35　鹤山祖祠

门楣石匾额阳刻"鹤山祖祠"，红地金字，楹联书"鹤膝蜂腰灵钟百代，山屏水静秀拱一堂"，背镌"光前裕后"。《重修鹤山祖祠并光复孔子庙碑记》记载：

祖先开基创业鹤山，祖祠始建于前埕后改迁至此，皆乃祖宗艰苦创业来之不易，迨至于今百有余载，在漫长岁月中，历经风飘雨荡，陈旧不堪，非修理不可。经众子孙共同倡议，于癸未年桂月择吉整修，合力集资，贤能上阵，众志成城，俾祖业成大器，惠泽福祉，今朝如愿以遂。承蒙热心乐善之殷人士，慷慨解囊，再添砖瓦，也为弘扬致力功高者，特树芳名勒石纪念，有望厚焉。

有关鹤山祖祠改迁重建的缘由和经过，沈炳友一一做了讲述：

> 佑启堂原先建于现在祠堂门前的场埕之上，大门口就是水田，没有场地可以举办祭祖、游神，十分局促。他们就把祠堂拆了，退后十多米重新建造，现在佑启堂的大门就是原来老祠堂的后墙。我记事的时候（按：炳友老伯生于1925年），佑启堂就建在现在的位置，很破旧。那时候祠堂大门对面还有一座照壁，30多年前被拆掉了。照壁是矩形的，两边刻着花草、鱼跃龙门等图案，正中间的行书"南极星辉"，是钱东镇沈厝村一位德高望重的沈氏前辈写的。这座照壁和现在锦得家（调查编号F202）外墙相连，是当时场埕和鱼池的分界。

由碑记以及沈炳友的回忆可知，佑启堂始建于清代，但具体建造年代已无从考证。至迟在清末民初，为了扩建场埕，不得不将祠堂拆除，原地退后10余米重新建造。2003年，下房裔孙捐资修缮，将抬梁式木构架重新油漆，用马赛克装饰祠堂正立面。修缮鹤山祖祠的同时，又组织开展对祠堂东南侧孔庙的维修（见表4-6）。

表4-6　鹤山祖祠建筑细部

厅堂	匾额

续表

梁架	

挑梁	

石柱	抱鼓石

五　水美祖祠

水美祖祠建于民国初年，坐落在水美祠巷，位于村落南区，

是从鹤山祖祠分出的支祠，同属下房，祠内供奉十三世祖智信
公和十四世组兆继公、兆安公、兆端公暨合祠众先祖公妈神位。
祠堂坐北朝南，大门高3.3米，面阔9.33米，进深11.84米。
门楣石匾额阴刻"水美祖祠"，楹联书"水源长流绵世泽，美
德发扬振家声"，背镌"光前裕后"（见图4－36）。

图4－36　水美祖祠

"文化大革命"时期，水美祖祠曾作为凤江公社食堂。后檐
墙上醒目地书写着"读毛主席著作听毛主席的话""高举毛泽东
思想红旗奋勇前进"等标语。东墙上"社员每月定□任务及工
分公布栏"、"食堂创粮公布栏"和"社员十不准"，西墙上"生
产竞赛栏"及宣传画和"凤江公社干部十项纪律"，留下了鲜明
的时代烙印。水美祖祠内悬挂的木质匾额已不知去向，也没有人
记得堂号。

祠堂建造在一段小坡道上，因地势后高前低，所以整个建筑
略呈向前俯冲之势。为了阻挡从背后而来的"杀气"，曾经靠着
祠堂后墙建造了一座照壁，至今尚存一角。祠堂正门前是一条狭
窄的巷道，面对着三合院民居武德流芳的后墙，两者相距最宽处

仅 2 米，显得十分逼仄。应该是受到地形限制，水美祖祠不仅门前没有开辟场埕，而且一改高度模式化的两进夹天井的平面形制，只建造了上厅三间，并采用牌坊式大门，围成一个院落。这种牌坊式的大门为三间式样，正中为大门，两侧做成实墙，全部用三合土砌筑，外抹贝灰，大门墙身和屋脊用嵌瓷装饰。尽管建成至今从未修缮，嵌瓷大多脱落，但存留着的那一点红一抹绿，也为饱经沧桑的祠堂增色不少。水美祖祠牌坊式的大门、清雅秀丽的嵌瓷装饰、绿色的漏窗花墙，组合成灵动秀丽的建筑外观，正如它的名字那样，给凤山楼村平添了几许柔美与动人的景致（见表 4-7）。

表 4-7　水美祖祠建筑细部

梁架	

屋脊	

续表

楚花	石柱

标语	

六　公厅

根据实地调查和沈炳友的讲述，凤山楼村共建有 8 座公厅，以祀奉血缘关系更加亲近的三代以内的祖先。其中 5 座位于凤山楼，寨内建有贻厥孙谋裕德堂，寨围建有维贤祖祠怀德堂和智慧祖祠崇德堂，均是后人为纪念屋主，将其生前祖屋改建而成。位于寨畔的居先公祠世德堂、新营祖祠成德堂，则是为祭祀祖先而专门建造。在凤山楼外，建有 3 座公厅，其中一座已夷为平地。现存的瑞德堂、顺德堂，在建筑平面上均与其左右相连的民居基本相同。凤山楼外的 3 座公厅，是专门建造还是以祖屋改造而成，村中无人知晓。

全村 8 座公厅, 1 座改为民居继续使用, 1 座修缮后恢复祭祖功能, 6 座废弃。位于水美祠巷的瑞德堂属下房, 建筑本体完好, 现有下房后裔在此居住, 方使瑞德堂建筑保存至今。位于思成四巷的顺德堂属顶房, 2013 年调查时, 正立面墙体已不存, 室内荒草萋萋, 堆满杂物。2015 年春, 顶房光裕公派后裔捐资修缮, 现供奉十二世祖光裕公和十三世祖如皇公、拔茅公、远盛公神位。位于思成一巷的公厅属顶房, 建筑荡然无存, 空留一片基址。位于凤山楼寨内的贻厥孙谋裕德堂 F14、寨围维贤祖祠怀德堂 F48、寨畔居先公祠世德堂 F80 同属顶房。裕德堂只存大门一侧墙体, 屋顶与后墙均已坍塌。维贤祖祠仅余条石门框和门额。沈炳友亲见了维贤祖祠的修缮, 更换的新门额错将 "惟" 刻成 "维"。世德堂可能曾是凤山楼中装饰最为精美的部分, 门额书 "居先公祠"。背书影影绰绰, 洗刷掉泥浆后, "庆聚华堂" 四个蓝字闪耀其华。居先公祠大门正面墙体施以彩画, 室内梁架则以彩绘加以装饰, 黄绿二彩色泽艳丽如新。寨畔新营祖祠成德堂 F81 属二房, 也是二房唯一的祠堂建筑, 仅存的半堵残墙用砖石垒砌, 从材料看, 成德堂在使用后期曾进行修缮。寨围智慧祖祠崇德堂 F50 属下房, 条石门框、门额以及两侧墙体尚存。室内两侧墙体上打凿出的数个凹槽, 留下了对祖屋改造的痕迹。这些凹槽用以固定梁架, 以便在室内再架设一个屋顶, 使祖屋内部空间降低, 营造出较为压抑和幽暗的祭祀空间。凤山楼 5 座公厅占地面积不一, 维贤祖祠、智慧祖祠占地面积约等同于一个 "布袋间", 新营祖祠、居先公祠占地面积约等同于三个 "布袋间"。公厅与民居的区别, 主要体现在门额、屋面构造、建筑装饰等方面 (见表 4-8)。

表 4-8　凤山楼村公厅

维贤祖祠怀德堂	

贻厥孙谋裕德堂	瑞德堂

续表

智慧祖祠崇德堂

新营祖祠成德堂

顺德堂

居先公祠世德堂

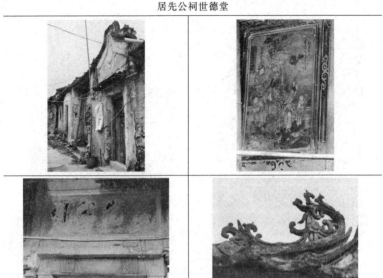

七　祠堂空间分布

凤山楼村 13 座祠堂全部分布在村落南区。其中 6 座位于凤山楼，具体为沈氏宗祠、裕德堂、怀德堂、崇德堂、世德堂、成德堂。凤山楼以沈氏宗祠的位置最为显著，选择在南涧公栖身之所建立宗祠，既是将此处视为凤山楼发祥地，又以此追念祖先肇造丕基。以沈氏宗祠建造为肇始，寨内、寨围和寨畔相继落成，三房子孙又分别于楼内或改建或兴建公厅以祭祀先祖。大房在寨内建有裕德堂，在寨围建有维贤祖祠怀德堂，在寨畔建有居先公祠世德堂；二房在寨畔建有新营祖祠成德堂；下房在寨围建有智慧祖祠崇德堂。一部分公厅以祖屋改建而成，改造痕迹明显，方式清晰。还有一部分公厅可能是为祭祀祖先而专门建造。建造在凤山楼外的祠堂共 7 座，均位于沈氏宗祠以东，分别是鹤山祖祠、维笃祖祠、水美祖祠、沈氏祖祠、瑞德堂、顺德堂、无名公厅。下房鹤山祖祠与凤山楼相距最近，在凤山楼以东约 80 米处。

经过鹤山祖祠向东大约 120 米，有顶房维笃祖祠，两座祠堂都位于田塅二巷。位于鹤山祖祠东北方向的一排民居中，曾有一座公厅，名"瑞德堂"。下房水美祖祠位于水美祠巷，处在维笃祖祠北偏东方向，两座祠堂直线距离约 60 米。这 4 座祠堂分布上相对靠近，同时显示出强烈的向凤山楼聚拢的趋势。还有 3 座属于顶房的祠堂，呈"品"字形分布，具体是顺德堂、沈氏祖祠、无名公厅，在空间上与凤山楼相距甚远，分布显得较为疏离。在凤山楼村南区，自西向东形成了三个组团式祠堂群，西部由沈氏宗祠、裕德堂、怀德堂、崇德堂、世德堂、成德堂形成群组，集中建造在凤山楼内，分属顶房、二房、下房。中部由鹤山祖祠、水美祖祠、瑞德堂形成群组，全部属下房祠堂，以瑞德堂为顶点，三座祠堂约略形成等腰三角形布局。东部由维笃祖祠、顺德堂、沈氏祖祠、无名公厅形成群组，全部属顶房祠堂，以维笃祖祠为顶点，四座祠堂约略形成等腰三角形布局（见图 4-37）。

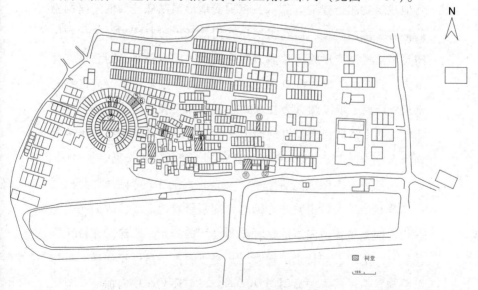

图 4-37　凤山楼村祠堂分布示意
①厚德堂；②裕德堂；③怀德堂；④崇德堂；⑤成德堂；⑥世德堂；⑦佑启堂；⑧瑞德堂；⑨水美祠；⑩明德堂；⑪思成堂；⑫? 堂；⑬顺德堂

　　由 13 座祠堂构成的凤山楼村祠堂系统布局考究。最早建成的沈氏宗祠位于凤山楼中心点，凤山楼沈氏视之为血缘生发地。后世 5 座公厅如开枝散叶般在寨内、寨围和寨畔次第营建，显示出凤山楼沈氏家族蓬勃的生命力。其后，村落在向凤山楼外扩张时，渐次形成的祠堂与公厅，向东展布，恰似与沈氏宗祠形成源与流的关系。祠堂系统的整体布局，凸显沈氏宗祠的神圣，是凤山楼沈氏血脉的源头和中心点。若把位于南区的 13 座祠堂作为整体加以分析，可以进一步分为三种情况。

　　一是祠堂位于环形民居中心，不与其他建筑相连。在凤山楼村只有沈氏宗祠处于这一独特位置，它是环形民居凤山楼的核心建筑物，楼内民居房门及公厅大门全部朝向宗祠，簇拥在它周围，环绕成楼，表达出极为强烈的向心性。

　　二是祠堂为独栋建筑。鹤山祖祠、维笃祖祠、水美祖祠、沈氏祖祠等，可称得上是体量巨大、装饰考究的祠堂建筑，并不与其他建筑物相连建造。除水美祖祠受地形限制外，其他三座祠堂前都有宽敞的场埕，维笃祖祠还在门前场埕建有照壁。清代和民国，凤山楼村修建的祠堂多为四合院式平面，平面形制总体变化不大，只有水美祖祠占地局促，舍去了四合院下厅部分。这些祠堂从外立面上可以细分为柱廊式、非柱廊式和牌坊式三种，建于清代的鹤山祖祠和维笃祖祠均为柱廊式，建于民国初年的水美祖祠为牌坊式，建于民国末年的沈氏祖祠为非柱廊式（见表 4 - 9）。

　　三是祠堂夹杂在民居之中。夹杂于民居中的祠堂均为公厅，一部分是由后人将祖辈居住的老屋即祖厝改建而成，故而与之左右相连的都是普通民居。这种称为公厅的祠堂，改建时在位置与建筑高度上都没有特别的规制，只是重新修造房屋正立面，再加以装饰，在民居群中显得与众不同。一般还会在屋内加建一个内屋顶，降低房屋空间高度，形成一个相对压抑的内部环境，后墙上悬挂写有堂号的匾额。

表 4－9　凤山楼村独栋祠堂分类

立面形式	建造时间		祠堂
柱廊式	清代	鹤山祖祠	
	清代	维笃祖祠	
牌坊式	民国初年	水美祖祠	
非柱廊式	民国末年	沈氏祖祠	

第三节　庙宇及分布

　　凤山楼村有两套祭祀系统，分别是以祠堂为中心祭祖先和以庙宇为中心祀神佛。村民崇信神佛因而祭祀，为了祭祀的需要营建相应的庙宇，以庄重地供奉神佛和历史上的名人。清代以降，凤山楼村陆续兴建了大宫、天后宫、孔庙、两座关爷厅等庙宇。及今，两座关爷厅废弃，其他庙宇村民代代祀之。凤山楼沈氏崇信的神佛多种多样，各座庙宇中供奉的神佛，共有 19 尊之多。既有沈氏祖先神——武德侯，也有沿海一带或潮汕地区普遍信奉的妈祖、三山国王等，还有传统宗教文化信仰，如慈悲娘娘、关公等，土地公更是不可或缺。一座座庙宇分布在凤山楼村四方，组成护佑村落的祭祀空间，十分妥帖地满足了村民多样化的信仰需求，建构出与祠堂系统并行不悖的精神场域（见图4-38）。

图4-38 张贴在凤山楼村大宫内的《老爷诞辰日期一览表》

一 大宫

大宫又称凤岗雄镇，是为供奉沈氏祖先神——武德侯专门建造的庙宇，坐落在凤山楼西侧，位于村落南区最西端。大宫面阔9米，进深12米，占地面积108平方米。门楣石匾额阳刻"凤岗雄镇"，楹联"玉宇壮丽神至圣，金炉兴旺佑子民"（见图4-39）。

图4-39 大宫门额"凤岗雄镇"

　　整体建筑由 6 根石柱支撑梁架，宫内木刻横额"英灵保障"，内部装饰设计独具匠心。步入大宫，敬畏和虔诚之心油然而生。高大威武的武德侯祖神像安坐于轿椅之上，居于大宫显要位置，威严中蕴含慈爱。神像前方置一香案，案上陈设香炉和烛台，从左至右供奉骑马的武德侯祖、周仓、关帝君、关平等神像。神像后方自西向东附设土地公和土地妈、伽蓝爷、五谷祖、三通王爷夫人、圣仁爷、慈悲娘娘、关帝君等神像或香炉（见图4－40）。

土地公　土地妈　伽蓝爷　五谷祖

三通王爷夫人　圣仁爷

武德侯祖

慈悲娘娘

周仓　关帝君　关平　骑马的武德侯祖

图 4－40　大宫神位示意

关于武德侯祖,在《凤山楼沈氏族谱乡志》中有《唐朝功臣武德侯沈世纪丰功伟绩》一文,写道:"唐开漳大将军,武德侯沈世纪,原名彪,因唐高宗李治闻其'勇'而赐名'勇',故后人又叫他沈勇或勇公。但是在海峡两岸,在东南亚诸国,在他遍布海内外的众多裔孙和信众之中,人们则普遍地尊称他为'沈祖公'、'武德侯'"。沈氏族人追慕参加平定蛮僚啸乱战斗的四十八世祖沈世纪,并将其塑造成神灵,以此凝聚沈氏宗亲的认同感和归属感,使祖先崇拜达到了登峰造极的地步。

大宫确切的建造年代已无从考证,据传始建于清乾隆年间,毁于民国7年(1918)的汕头大地震,1944年在原址重建。"文化大革命"期间武德侯祖及众神像悉数被拆,并当成燃料烧毁。1966～1973年,大宫先后做过村集体食堂、酿酒作坊、花生油作坊、打铁作坊和牛棚等。1973年,经凤光村党支部及各生产队共同商议,决定拆除大宫,原地建造一座两层楼房,作为饶平县联饶公社联山大队凤光村村委办公楼,内设广播室、会议室和教室。拆除大宫时,大门石条和五根石柱及柱础等石质建筑构件被村民异地妥善保留。1992年,旅居台湾的凤山楼沈氏宗亲沈木水回乡探亲,倡议筹资重建大宫,并带头乐捐,沈氏积极响应,以户为单位踊跃捐款。是年,大宫原址重建工程破土动工,由饶平负有盛名的古建世家承建,所有保存下来的原大宫石材恢复原位,1993年底竣工。2012年,凤山楼沈氏再次捐资,为大宫内各尊神像重塑金身(见表4-10)。

表4-10　大宫建筑细部

门额	嵌瓷

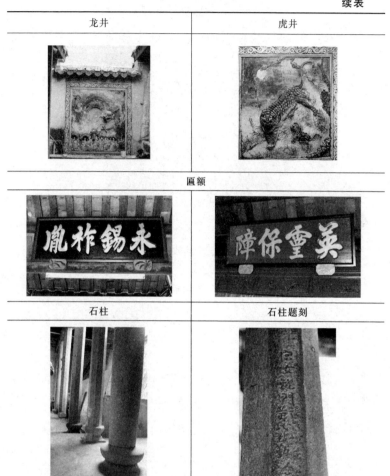

龙井	虎井
匾额	
石柱	石柱题刻

在历史的长河中，大宫屡经兴废，唯有门前的大榕树阅尽沧桑，根深叶茂，挺拔不屈。凤山楼沈氏在大宫祭拜时，也总要来拜一拜榕树，逐渐形成习俗，视之为树神并恭敬地称为"榕树公"。正是感念于榕树无惧风雨在大宫前执着地坚守，凤山楼沈氏在树下垒土围筑起一个边长5米的方形基座，又贴着树根安置香炉石几，石几上放置一方高40厘米宽35厘米的石块，形成独具一格的祭祀空间（见图4-41）。

图 4 - 41　大宫前榕树公

二　天后宫

天后宫位于村落南区，是专门供奉妈祖的庙宇。始建时间早于寨畔但晚于大宫，抗日战争时期遭到一定破坏，1997 年重修。天后宫面阔 6.82 米，进深 9 米，占地面积约 61 平方米（见图 4 -42）。

图 4 - 42　天后宫

门楣石匾额阴刻"天后宫"，黄地蓝字。内部空间低矮略显阴暗，却有一道粉红色卷珠帘居中挂落，将室内空间一分为二。珠帘流光溢彩，随风轻摇，把幽暗的气氛荡漾开去。妈祖神像端坐于珠帘之后的神龛中，熠熠生辉，令人不敢直视。金童玉女侍立妈祖神像左右，威风八面的千里眼与顺风耳分列两侧（见图4-43）。

金童　　　妈祖　　　玉女

千里眼　　　　　　顺风耳

图4-43　天后宫神位示意

庙宇内高悬一方木刻匾额，阳刻"圣德配天"，两副楹联分别是"海不扬波欣盛世，一帆风顺庆丰年""盛德英灵显千古，配天慈雨沐万民"等，歌颂了妈祖助人为乐的高尚品德和"扶危拯弱""泽施四海"的丰功伟绩。天后宫香火不息、香烟氤氲，妈祖神像在珠帘后若隐若现，庄重祥和，给人神秘宁静之感。天后宫屋脊嵌瓷装饰活泼艳丽，与幽暗静谧的内部空间形成反差。嵌瓷是潮汕地区历史悠久的传统工艺之一，装饰图案大多选用当地居民喜闻乐见的题材，多取意吉祥富贵、辟邪镇恶、祈求福祉等。天后宫屋脊嵌瓷装饰成"双凤朝牡丹""天兵神将"，再饰以公鸡、羊、菊花等动物和花卉图案，造型生动逼真，富有浓郁的生活气息，体现了凤山楼沈氏对安宁、美好生活的追求和向往（见表4-11）。

表4-11　天后宫建筑细部

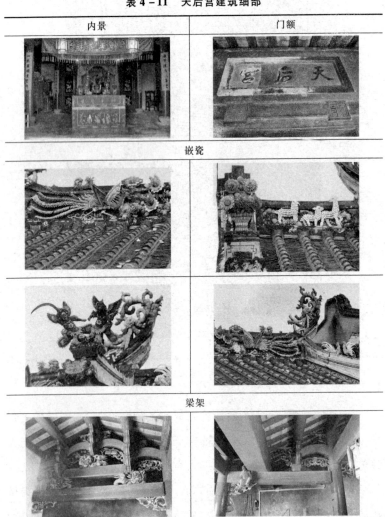

内景	门额
嵌瓷	
梁架	

续表

木雕

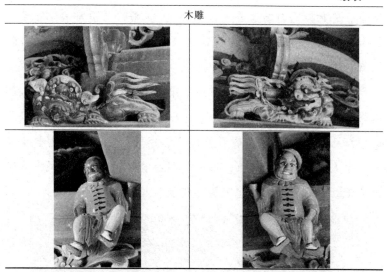

三 孔庙

孔庙位于村落南区，是一座供奉孔子像的小而简易的庙宇。关于始建年代，根据村中耆老口述，至迟在清末民初。孔庙之处原无祠宇，其功能相当于鹤山祖祠的石敢当，在鹤山祖祠异地重建时，一并在石敢当处增建庙宇并请入孔子像供奉。孔庙虽为佑启堂朝宾公派所建，但自建成至今一直供全村使用。孔庙为单开间，两面坡硬山屋顶，大门朝向正南方，面阔4.16米，进深3.61米，占地面积15平方米（见图4-44）。

图4-44 孔庙

　　孔庙里供奉一尊孔子像，楹联书"至圣著论语培育桃李遍天下，先师授后贤蔚起英才满乾坤"，横额"万世师表"（见图4-45）。凤山楼村自古就有崇文重教的优良传统和浓厚氛围，对教育的重视，从传统遗存中可见一斑。据沈锦龙介绍，解放前顶房和下房都办有学堂，供本房子弟读书，村中的大小祠堂也都曾做过教室。他回忆起自己入读小学时，父母亲曾专门带他来孔庙祭拜孔子，一来表达对至圣先师的崇敬，二来期望他学业有成，出人头地。光阴荏苒，如今，在新学年开学之际，凤山楼村依然延续由父母带子女前来祭拜孔子的风俗。

图4-45　孔庙内部

四　土地公

　　土地公又称伯公，全村共有三座，分别是"大枫脚土地公""开山圣侯""贮埕土地公"，其分布和命名均形成于清代。三处土地公没有庙宇，普遍的做法是结合树木设置祭台，台面上设有香炉石几，或者建造一个简易的构筑物，内供神像，放置灯具、香炉等。作为重要的地方保护神，土地公所处位置无不经过精心选择和营造，力求与周边环境相匹配，以更好地发挥护佑一方的作用。

大枫脚土地公掌管田野丰收。位于凤山楼村西北部后头山坡一株枫树下，坐东向西。枫树树干粗壮，从距离地面50厘米开始向北弯曲生长，四根1米高的条石竖立树根四周，将树干围合起来，条石之上铺设瓦面一张，形成1米见方的屋身。屋身下设有香炉石几，奉以一方长方形石块。在距离大枫脚土地公2米的山脚处，又以水泥砌成三级台阶，不但便利村民敬香时上下山坡，而且与屋身共同构建了祭祀区的范围，起到了划定大枫脚土地公祭祀空间的作用（见图4-46）。

图4-46 大枫脚土地公

　　开山圣侯又称山神，掌管全村平安。位于凤山楼村北部后头山坡，坐南朝北。关于开山圣侯的历史和修建情况，《重修伯业宫撰言》记载：

　　　　伯爷之制始建清代，原设神坛，后建小廓，迨今因风雨剥蚀，破旧不堪，为兴神灵拟已进行全面修建，规模恢宏……

　　可见，清代仅在供奉开山圣侯之处用碎石垒成一个很小的祭坛，选用一块形状较为奇特的大石头作为土地公神像，供奉于祭坛之上，神像前方置一香炉。这种形制从清代一直沿用到1990年代，始有村民为开山圣侯建造了一间夯土简易屋身，覆以石棉瓦。2012年在沈其亲倡议下，募集资金再次改建，用水泥建成的构筑物为两进，硬山屋顶，不设门扇。一进利用四根立柱，组合成三面开敞的外部空间，石刻两副楹联分别书："香烟篆出平安字，烛蕊开出富贵花""开山有德千秋祀，圣侯英灵万世尊"。那方清代的石质土地公供奉在后进供桌正中央，并新增了一尊土地公神像，紧靠后壁，安坐在石质土地公之后（见图4-47）。

图4-47　开山圣侯

贮埕土地公掌管合境平安、人丁兴旺。贮埕土地公背靠一株细叶榕树，坐北朝南，位于明德堂后巷和水美祠巷交接处，即 F297 与 F151 之间的巷道上，是凤山楼村唯一位于居住区内的土地公，北侧即是后头一巷。贮埕土地公紧邻巷道而设，围绕着细叶榕树的根部，用石头铺设出一个形状不规则而且很小的祭台，高出地面大约 30 厘米。小道上人来人往尘土飞扬，贮埕

图 4 - 48　贮埕土地公

土地公祭台却因为精心的供奉，不仅香火不断，祭台与香炉石都被擦拭得一尘不染（见图4 - 48）。

五　庙宇空间分布

凤山楼村以八处神之居所建构的祀神系统形成于清代，布局考究。岁月变迁中，曾有庙宇屡废屡建，也有庙宇换了新颜，但所处位置始终不变，在空间上自南而北呈现平行的线形分布。大宫、孔庙、天后宫、关爷厅等四座庙宇位于村落南部一线。凤山楼关爷厅和贮埕土地公居于村落中部一线。大枫脚土地公和开山圣侯位于村落北部一线。

居于村落南部一线的四座庙宇，除位于村落南区以东的关爷厅废弃后，村民在其原址建造了民居，原貌不可考外，其他历历可考。由此处向西，位于田墘一巷的天后宫，独立于村落南区最前排民居之中，联饶溪在前方缓缓流过。从天后宫向西走，孔庙

建在田垅一巷巷道旁。位于村落南区最西端的大宫则紧靠在凤山楼西侧，与寨围外墙和寨畔西侧入口相距仅有数步。处在村落中部的庙宇，东为贮埕土地公，西有关爷厅。贮埕土地公位于村落南区北部一线中点，向北即是村落北区首排巷道——后头一巷。凤山楼关爷厅大约位于寨畔中点，凤山楼大门与其分处围楼南北两端，自南向北形成大门、沈氏宗祠、关爷厅三点一线的布局。若将两座关爷厅结合观察，它们分别居于村落南区的西北和东南，恰好处在东西两端。村落北部一线还有两座土地公，但离居住址较远，位于后头山坡。从位置关系看，凤山楼关爷厅与大枫脚土地公呈南北一线分布，贮埕土地公与开山圣侯呈南北一线分布。

八处神之居所朝向不尽相同，可能与其自身担负的护佑职责相关。大宫、孔庙、天后宫以及两座关爷厅、贮埕土地公等坐北朝南，与村落整体朝向一致，均位于村落南区，即居住址内。安置在村落以北后头山坡的两座土地公，远离居住址，大枫脚土地公坐东向西，开山圣侯坐南朝北。大枫脚土地公面西而坐，前方正是凤山楼村西部水田和果园，掌管田野丰收。开山圣侯被尊为"山神"，它面北而居，环视着后头山诸座山丘，掌管全村平安。贮埕土地公位于居住址内，是村落居住区规模扩张演变而形成的格局。凤山楼村后头一巷的建设始于1975年，也就是说在此之前，贮埕土地公一直位于居住址北部边沿，可以将整个居住址和南部田野尽收眼底，掌管合境平安与人丁兴旺。对于农业村落的居民而言，三座土地公具有最现实也最非凡的意义，在村民心目中分量很重，所处地点往往结合树木、地势等精心选址与巧妙安排，以满足田野丰收、村落平安的精神寄托（见图4-49）。

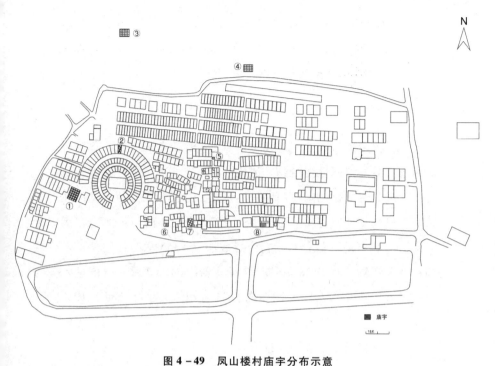

图 4 - 49　凤山楼村庙宇分布示意
①大宫；②关帝庙；③大枫脚公；④开山圣侯；
⑤贮埕土地公；⑥孔庙；⑦天后宫；⑧关帝庙

第四节　其他建筑及分布

历经三百多年建设发展，凤山楼村不仅建有形制不同的民居，反映血缘结构的祠堂，各司其职的庙宇，还修建了村门、街巷、桥梁、池塘、水井、作坊、场埕、戏台、戏馆、学校等建（构）筑物，生产、生活、文教功能完善。蓬勃发展的街巷不断向东西延伸，最终冲破村门束缚。水井跟随街巷布局，滋养井边人家。在碧波帆影的日子里，桥梁是村口的独特景致，于环境变迁中又向东迁移，至今仍是跨越门脚溪的唯一通道。入村直道与场埕，分别具备交通和举办仪式的基本功能，但在丰收时节，也要作为稻谷晾晒场地。戏台则是村落传统与时尚的交会地。华堂美屋乃至整个村舍，都曾作为校舍，在岁月浮沉中秉承立德树人的教育观念。凤山楼沈氏精心布局与营造的诸多建筑（构）物，与人的居所、祖先居所、神之居所一道，令朴实无华的村落生机勃发、安宁美好。

一　村门

在村落发展形成一定规模时，凤山楼沈氏曾设立村门作为标志村落边界的地标性建筑物。清代，村落东、南、西、北方各建村门一座。有关这四座村门的具体位置，据沈炳友介绍，北门在邻德轩以北，今四德堂后巷 F158 ~ F170 之间；南门最大，在天后宫前的"石跳"处；东门在今思成四巷 F366 承明住宅处；西门在今大宫脚三巷 F128 放坤住宅处。新中国成立后，村落进入快速发展的新时期，村民试图向村门之外扩大生活空间。1950年代，村内巷道网络终于突破村门的界线向外延伸。西门首先被拆除，四座村门于地表已无迹可寻。

不同于一些村落采取在村门之间以围墙相连或开挖壕沟，形成封闭空间且具有防御功能的做法，凤山楼村既没有建造围墙，也没有开挖壕沟使之与村门相连。四座村门的构造皆甚简约，只是用三根条石搭成大门的形状，不设门扇，不曾雕刻村门名称，更加不具备防御功能。对于作为单姓血缘村落的凤山楼村而言，家是一个被扩大化的概念。每个人在村中都建设了属于自己的小家，累世聚族而居所形成的沈氏家族则是共同的大家庭，跨进村门就是回到了家，所谓"关起门来一家人"，是对凤山楼村门含义的最好诠释。这四座村门，不仅是家的情感象征，是界定凤山楼村内部与外部空间的标识物，也框定了 1949 年之际凤山楼村居住区的界线与范围，成为今天开展凤山楼村聚落形态研究的重要依据。

二　街巷

凤山楼村街巷系统分为外围道路、内部巷道两部分。外围道路由南北向的入村直道和绕行村庄的环路构成。从竖立于村南的一方高大界碑处入村，一条长约 300 米的水泥直道北接门脚溪桥，过桥再行经两方池塘间约 60 米的水泥大路，即可抵达凤山楼村居住区（见图 4 – 50）。水泥直道、桥梁、大路等共同形成外围道路的直线部分。在水泥大路与池塘交会处，沿着池塘南部边缘向东和向西，修建有可通车辆的水泥道路，宽 3.5 米，一直延伸到池塘东西两端再转向村北，直至将居住区合围，形成外围道路的环线部分。外围道路的形成，既划定村落边界，也勾勒出规整方正的村落形态。在实际生活中，居住在村落任何位置的村民，骑自行车或开摩托车都能够快捷到达农田，减轻农业劳作的辛劳。

图 4 – 50　凤山楼界碑处入村直道

　　凤山楼村内部巷道以东西向的横街巷为主，南北互通的巷道为辅。居住址房屋朝向、布局方式等，是形成巷道格局的决定性因素。除个别外，凤山楼村建筑物大多为南向，通风采光极佳。一排排民居自南向北排列，形成了与房门平行的横巷，构成居住区东西向的道路系统。纵巷则与房门垂直，以便于在合适的距离中形成南北方向的通达。巷道形成，大致与南区、西区、北区、东区居住址建设同步。确定无疑的是，凤山楼环形巷道的形成时间最早，沈氏沿着这条终点与起点重叠的小道，往来穿越了两百多年（见图4-51）。其后形成的弧形巷道，起点与终点互置，弧形巷道中点恰与环形巷道的起点及终点位于一条直线。环形巷道是凤山楼村内部巷道的早期形态，弧形巷道是向横街巷发展的过渡形态，都是孤例。因而，凤山楼村内部巷道系统，由纵横交织的街巷、环形街巷、弧形街巷共同构成。形态特殊且分布较少的环形、弧形街巷，形成时间早于大面积分布的纵横交织的街巷。

图4-51　凤山楼寨畔巷道

　　村落发展是一个动态过程，不断扩张的结果是村落边界被打破，巷道跨界向外延展。凤山楼村居住址南区和北区的首排横巷，比这两个区域中其他横巷更加宽阔，住户们就在房门对面的巷道一侧搭建简易房，或堆放农具，或圈养家禽，或作为厨房。整个村落中，只有田塍一巷和后头一巷东段建有相连成排的简易房。从所处位置看，田塍一巷位于清代村落居住址最南部，后头一巷则处在清代民国村落居住址北部边沿，20世纪七八十年代向北部新辟住宅区最南端，两个历史时期的分野清晰明了（见图4-52）。

图 4 – 52 后头一巷巷道

三 桥梁与池塘

凤山楼村北面靠山，门脚溪自东向西从村前流过，溪水之上铺设一座钢筋水泥桥，名为"门脚溪桥"（见图 4 – 53）。门脚溪桥始建于 1975 年，2009 年改建为钢筋水泥结构，南北走向，桥面宽 8 米，桥身长 14.4 米。在门脚溪和居住址之间，东西向

图 4 –53 门脚溪桥（自北向南拍摄）

有四方池塘，两两分布在从桥头进村的道路两侧。历史上，门脚溪桥以西和以北，曾先后建有两座桥，一为"柴桥"，一为"沉水桥"，同在1975年"治涝改溪"工程中被废弃，原址已被水田、池塘和道路掩埋。

柴桥建于清代，位于门脚溪桥以西200米处，鹤山祖祠以南，以七根花岗岩石柱架设桥墩，两块杉木板平行铺设成桥面，建成后一直是凤山楼沈氏进出村的必经之地。沉水桥建于20世纪60年代，位于门脚溪桥以北，村委会办公楼场埕前端。沉水桥只是用花岗岩大石块平铺在溪底，在上面南北向放置六个正方形花岗岩石座，高出溪水，组成桥面，故名"沉水桥"。柴桥和沉水桥并存与使用十多年，形成东西两处跨越门脚溪、连接南北的进出村要道。在"治涝改溪"工程中，门脚溪河道被截弯改直南移约30米，村落耕地面积增加。1990年，凤山楼前池塘填平后，为保留原有风貌，在凤山楼以南水田新修一方池塘，其南部边缘靠近门脚溪。此后，就以这方池塘为起点，按58米等宽，渐次向东开挖三方池塘（见图4-54）。

图4-54　池塘清风送爽（自南向北拍摄）

四　水井

凤山楼村地下水资源较为丰沛，井水甘洌。在朝阳洞引水管道接通以前，水井是村民日常生活用水的主要水源。即使现在家家户户都已经接通用水管道，但居住在水井附近的村民，信赖水井的水质，依旧喜欢到井边担水用于炊煮，日常生活对水井有很强的依赖性。凤山楼村共有 8 口水井，都位于南区，除一口水井在民居院内，其他 7 口水井皆在巷道之中。作为一种公共设施，这样设置充分考虑到村民用水的便利性和可达性，非常科学合理。水井一般由井圈、台面和挡水墙等构成，井圈常见正方形和六边形两种形制。

水井 J01 位于田墩一巷 F234 民居内，原是公共水井，房主于 1994 年扩建住房后，水井成为房内附属设施。井圈由四块条石砌成，边长 1.1 米，高 0.26 米，井深 3.63 米（见图 4-55）。

图 4-55　水井 J01

水井 J02 位于大宫后墙和寨畔入口之间的巷道上，在正方形井圈的外围铺设台面，砌有 5 厘米高的挡水墙。井圈由四块条石砌成，以后又在外侧抹以水泥加固，边长 1.1 米，高 0.36 米，井深 3.64 米（见图 4-56）。

图 4-56　水井 J02

图 4 - 57　水井 J03

水井 J03 位于寨围 F43 民居大门前左侧，这口水井是凤山楼寨内、寨围的唯一水源。以条石砌成六角形井圈，每边长 0.9 米，高 0.16 米，井深 4.23 米。丰水期时水面最高可以升至井口。外围也用条石铺设台面，又使用了大量的墓碑铺砌在旁边的巷道上，防止巷道因泥泞而通行不便（见图 4 - 57）。

水井 J04 位于田垅一巷 F183 民居旁巷道，用条石砌成正方形井圈，每边长 1.26 米，高 0.49 米，井深 4.23 米，不知何故已废弃十年之久（见图 4 - 58）。

图 4 - 58　水井 J04

水井 J05 位于"武德流芳"天井，围成六边形井圈的条石经过精心打磨，平整细腻，每边长 0.95 米，高 0.37 米，井深 5.07 米（见图 4 - 59）。

图 4 - 59　水井 J05

水井 J06 位于水美祠巷 F294 民居门前巷道，用条石砌成正方形井圈，每边长 1.26 米，高 0.37 米，井深 6.93 米（见图 4 - 60）。

水井 J07 位于田墘二巷 F339 民居门前巷道，井圈由四块条石砌成，每边长 0.8 米，高 0.39 米，井深 1.4 米（见图 4 - 61）。

图 4 - 60　水井 J06　　　　　　图 4 - 61　水井 J07

水井 J08 位于思成四巷 F372 民居大门前右侧，四块条石围成正方形井圈，边长 0.83 米，高 0.3 米，井深 5.87 米（见图 4 - 62）。

图 4 - 62　水井 J08

五　作坊

作坊集中在村落东区，有碾米场（见图 4 - 63）、养猪场（见图 4 - 64）、生猪屠宰场（见图 4 - 65）、食品加工厂（见图 4 - 66）、不锈钢门窗加工厂（见图 4 - 67）和塑料袋加工厂（见图 4 - 68）等。这 6 座作坊占地面积较大、平面形制与其他建筑物迥异。按照经营者身份不同，可分为本村自办作坊和外来经营者开办作坊两类。不锈钢门窗加工厂租用凤山小学一栋平房作为厂房，并在学校东边围墙上开设大门进出。产品大部分销往联饶镇，再由批发商转销到周边村镇。食品加工厂是外乡人来本村开办的第一家企业，厂房为单层矩形平面，位于村落东北角。加工厂现已停产，厂房闲置，机器设备尚存。塑料袋加工厂位于村落东北部，外环村道以东。厂房平面呈长方形，单层建筑，内部安装有吹膜机、制袋机等机器设备。厂房前用围墙合成院落，方便堆卸货物，院落两侧建有简易办公用房，占地面积近 2000 平方米，产品主要销往黄冈镇批发市场。

图 4 – 63 碾米场

图 4 – 64 养猪场

图 4 – 65 生猪屠宰场

图 4 – 66 食品加工厂

图 4 - 67　不锈钢门窗加工厂

图 4 - 68　塑料袋加工厂

　　凤山楼村自办作坊如碾米场、生猪养殖场、生猪屠宰场
等，更具传统农业村落特征。在村落东南角靠近池塘处，有两
处背靠背的曲尺形房屋，西边一处是碾米场，东边一处是生猪
屠宰场，紧邻着村道，村道以东建有一家养猪场，与屠宰场相
距不过 20 米。村民们将收割的稻谷送到碾米场加工成精米，
加工过程中产生的主要副产品米糠又是养猪的主要饲料，邻近
的生猪养殖场可以很方便获得充足的米糠。生猪出栏时就近送
入屠宰场，宰杀后再销往联饶镇和黄冈镇。这三间作坊相邻而
建，不仅缩短了运输距离，彼此还可以得到更为廉价的原料，
从而降低生产成本，是一种非常经济高效的功能配置（见图
4 - 69）。

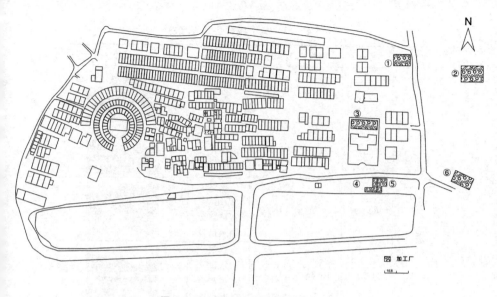

图 4 – 69　凤山楼村作坊分布示意

①食品加工厂；②塑料袋加工厂；③钢门加工厂；④碾米作坊；⑤屠宰场；⑥养殖场

六　场埕

凤山楼村部分建筑物门前，辟有一块较为平坦的场地，既能烘托建筑气势，又能强化建筑公共性，在村落中形成一方方较为舒朗的开阔地带，成为村落公共空间的重要组成部分。依据场地铺设材料的不同，称谓上有所区别。古时没有水泥，如果只是将土地平整而成，则称之为"土埕"，若是在土埕之上再铺设壳灰①，则称之为"灰埕"。现今都以水泥铺设场地，称之为"场埕"。凤山楼村场埕自西向东依次分布在大宫、凤山楼、鹤山祖祠、维笃祖祠、天后宫、村委会办公楼以及沈氏祖祠门前（见表 4 – 12）。部分场埕设有附属建筑物，如凤山楼场埕设有戏台、维笃祖祠场埕设有照壁等。

---

① 壳灰是一种以贝壳为原料，用稻谷壳做燃料加工而成的建筑材料，潮汕地区古时普遍使用。

表 4 -12　凤山楼村各场埕情况

序号	名称	面积(长×宽)	功能	照片
1	大宫	37.07 米×35.42 米	祭祖	
2	凤山楼	64.11 米×30.69 米	祭祖 迎神赛会 晾晒稻谷	
3	佑启堂	14.25 米×16 米	祭祖 做道场 迎神赛会 晾晒稻谷	
4	明德堂	10.83 米×12 米	祭祖 做道场 迎神赛会 晾晒稻谷	
5	天后宫	6.80 米×9.30 米	迎神赛会 晾晒稻谷	
6	村委会 办公楼	12.9 米×5.20 米	选举 健身 露天电影 晾晒稻谷	
7	思成堂	12.2 米×5.20 米	祭祖 做道场 迎神赛会 晾晒稻谷	

　　场埕的公共性主要体现在使用功能上。举行祭祖仪式时，可在此摆放桌床；迎神出游时，村民在此焚香叩拜；举行丧葬仪礼时，在此开设道场。举凡种种，场埕无疑具有礼仪场所的性质（见图 4 -70）。对于农业村落而言，场埕又和凤山楼沈氏的农业劳作息息相关。每当稻谷收获时节，宽阔平整的场埕成为晾晒稻谷的最佳场地。村民们将刚脱穗的稻谷铺满多个场埕，大家肩挑背负，翻场晒谷，车推箕量，欢声笑语不绝于耳。在他们曾无数

次求神祈福的场埕上，呈现一派喜迎丰收的美好景象（见图4－71）。

图4－70　"游神巡境"时场埕上摆满桌床

图4－71　农历六月场埕上晒稻忙

七　戏台戏馆

凤山楼村传承历史最为悠久、参与人数最多的公共文化活动之一就是看大戏，深得村民喜爱，从建造的宽大戏台，足见此习俗之盛况。新中国成立前，临近节庆，村里派人专门去饶平或诏安请戏班，平日也偶有海陆丰和梅州等地的戏班来村表演。农历七月纪念"武德侯祖诞辰"时，村里还要延请剧团驻村三天表演大戏，一方面酬谢神灵，一方面娱乐生活，这一风俗源自清代。那时演戏没有固定戏台，一般在唱大戏开始前几天，村里组织精壮汉子在凤山楼灰埕上，用竹木搭建一座临时戏台，演出结束即拆除，年年如此。为给戏班演员提供住宿，村民就在大宫西侧建造了一座平房，平时锁住不用，称为"戏馆"（见图4-72）。

图4-72　戏馆残存的部分基址和墙体

新中国成立后，纪念"武德侯祖诞辰"活动停办了三十余年。这期间，戏馆先后做过牛棚、一队仓库、学校，在1976年倒塌。1997年，沈放周在戏馆部分地基之上建造了住宅，即F126（见图4-73）。改革开放后，传统文化活动逐渐恢复举办。1990年，凤山楼村决定在以往搭建临时戏台的位置建造永久性戏台，由于后续资金不足，至今尚未完工，但基本具备演出条件。戏台坐落在凤山楼场埕东侧，为正西向，南北长 15.8 米，东西宽 10 米，高 1.2 米。12 根方形水泥柱裸露着钢筋，所以每次演出开始前，需要将戏台顶部和三面围以大红色帷幔，形成假定性意义上的独立封闭的演出空间，演员能够充分自如地演出。大戏开场，灯光璀璨，锣鼓喧天，村民们相聚于台前，沉浸在欢乐的气氛中。看大戏是凤山楼村全民性的娱乐活动，戏台是昔日单调的乡间生活中温暖的记忆（见图 4 - 74）。

图 4 - 73 F126 建造在戏馆部分基址之上

图 4 - 74 凤山楼村戏台（从西南向东北拍摄）

八　学校

图4-75　立德书屋

凤山楼村大部分建于清代、民国的公共性建筑，曾在一段时间里，先后作为学校使用，如大宫、天后宫、沈氏宗祠、鹤山祖祠、维笃祖祠、水美祖祠、沈氏祖祠等。还有一些建筑物和地点需要提及，它们有的后来在异地建造，如曾经建于大宫处的大队办公楼；有的原址建造了其他建筑，如沈氏祖祠处原是"三房书斋"；有的存留名称，如维笃祖祠旁的"立德书屋"（见图4-75）；还有的早已荒废，如戏馆等，都曾是学校举办地，供沈氏子弟读书。整个凤山楼村也曾一度改做学校，在1958年末至1959年初的四个多月里，接纳了饶平县凤江公社下辖联饶镇、黄冈镇、浛洲镇三年级及以上年级的学生和教职员工，在村里教学与食宿，号称"万人小学"。

凤山楼村办学历史悠久，氛围浓厚。清代，开办两座"书斋"，一座位于今沈氏祖祠，称"三房书斋"，另一座位于鹤山祖祠，称为"下房书斋"。民国时期，全村只开办一所学校，办学地点设在沈氏宗祠。新中国成立之初，沈氏宗祠和戏馆同时作为办学地点。1958年末至1959年初，凤山楼村改办为"万人小学"。1973年，建在大宫基址上的大队办公楼的一楼辟为教室。1985年，在东区新建两排平房，作为"凤山小学"校舍，办学地点至此固定不变。1996年学校扩建，拆除前排平房，建造一栋"凸"字形三层教学楼，占地面积2076平方米，建筑面积980平方米，学校设有6个年级并含幼儿园（见图4－76）。

图4－76　凤山小学

校址不断迁移与办学主体变化密切相关。清代，顶房和下房作为办学主体，分别开办学校供房派子孙读书，办学地点东西分置。东边"三房书斋"位于今沈氏祖祠，是顶房顺德堂、明德堂、思成堂三房子弟读书处。西边"下房书斋"开办在鹤山祖祠，是下房佑启堂房派子弟读书处。民国，合族办学，沈氏子弟不再分房读书，校址设在属全族共有的沈氏宗祠。新中国成立后，在沈氏宗祠办学一度延续至1960年代。1960年代末，教育部门先后在凤山楼村设立联山学校凤光分校和凤光小学，办学地点分别设在水美祖祠和维笃祖祠。后又迁至村行政中心——大队办公楼办学，1985年，在东区建设凤山小学，校址至此不再变动。现在，从建筑功能看，村东与村西有一新一旧两座具有鲜明文教色彩的建筑物。村东凤山小学是全村唯一有院墙的建筑物，楼顶国旗高高飘扬，院内琅琅书声。村西孔庙至迟在清末民初，由鹤山祖祠石敢当改建而成,承载和寄托着"耕读传家""振家声还须读书"的朴素情感。这两座建筑物东西一线相牵,同处村落居住址最前排,是凤山楼村崇文重教优良传统的源与流,是村落文化的根与魂,也是迈向未来的通途。

九 其他建筑空间分布

如今,凤山楼村以道路环绕成规整的轮廓线,构成清晰的村落边界,取代早已拆毁的村门。村落入口处竖立的高大界碑,不仅仅起到"指示"作用,更加具有明确的"界定"作用。清晰规整的轮廓、高大的界碑以及专用村道,无不体现出村落强烈的追求相对独立、注重格局完整的营建理念。这样的村落形态,是血缘村落在年复一年的发展中科学高效统筹规划、同心协力组织实施中得以形成的。

分布在村东的作坊区远离居住区,凤山小学是居住区和作坊区的分野。若干生产性能不同的加工场所,均沿村落东边村道纵向展开布设,碾米场、屠宰场、不锈钢门窗加工厂、食品加工厂处在村道的西侧,养猪场、塑料袋加工厂建在村道的东侧。如此布局,方便共用交通,缩短运输距离,降低生产成本。运输原材料和产品的车辆,只需沿着这条村道便可快速与进出村的主干道相连接。环形村道的建设,也为往返于住宅和田间的村民提供了便捷的交通。

除维笃祖祠场埕外,凤山楼村的场埕大多处在村南一线,因为与农田之间没有建筑物阻挡,所以场埕既可举办仪式,也是最佳的稻谷晾晒场所。清代修建的池塘和场埕都布局在村落南区,也就是村门框定的村落范围内,随着村落居住址不断东扩,东区才修建起池塘和场埕,尽管功能相同,但东区池塘和场埕的出现远远晚于南区。水井则全部布局在南区,其后开辟的东区、西区和北区没有修建一口水井。水井分布之处,是村落历史久远的区域(见图 4-77)。

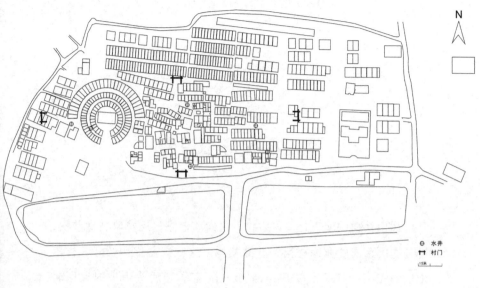

图 4-77　凤山楼村村门水井分布示意

　　凤山楼村的学校和桥梁已经不是旧时模样，但位置的迁移有迹可循。凤山楼沈氏幼时读书，从古至今都在村内，免去了出村奔波跋涉之苦。祠堂是传统的兴学之所，古时建造"书斋"专门作为塾馆，当代建造以围墙合围的现代化学校，古今 10 处办学地点分布在村落南区和东区，而孔庙正是崇文重教传统高度精神化的象征。今已不存的柴桥，曾经架设在天后宫前，其后建造的沉水桥与它东西并置，是村落居住址面积扩大的直接产物。门脚溪桥又随着门脚溪改道，自沉水桥一线向南建造。桥梁作为入村门道，伴随河道变迁而迁移，一直居于村落以南。

　　作为生产空间、生活空间、生态空间的综合体，凤山楼村通过对村门、街巷、桥梁、池塘、水井、作坊、场埕、戏台、戏馆、学校等建（构）筑物的科学规划、合理布局，实现生产空间集约高效、生活空间宜居适度、生态空间山清水秀。除作坊、凤山小学建造在村落东区外，其他建筑物都位于村落南区，是村落古老的遗存和历史风貌的延续，在营建思想上一脉相承，入古出新，生机勃勃。

第五章

凤山楼村形态演变

　　凤山楼村的前身是鸟仔寮村，再向前追溯，还曾取名庵前村，都是沈氏聚居的血缘村落，脉脉相承。这三个名称，恰好与村落地址的三度变迁一一对应，即 1630 年定居于后头山坡时，用名"庵前村"；在山脚建造围楼，山坡与山脚两处居住址并存与使用时，村名"鸟仔寮村"；当山坡居住址焚毁时，以楼名作为村名，"凤山楼村"沿用至今。村落名称的改变，映射出村落地址由山坡向山脚迁移的巨大空间变化。不同的村名，还反映出村落肇基—扩张—收缩的三个重大历史节点，以及营建方式的不同。肇基之时建造茅寮，各家各户独立居住；扩张之时举族共建夯土围楼，出现大型建筑物；收缩之时，合族集居，在凤山楼休养生息。

　　凤山楼呈前低后高之势，北部倚靠山坡，西侧虽较为平坦开阔，却是一片低洼地，凤山楼以东，土坡地高低不平。凤山楼的居住空间毕竟有限，经历若干世代，楼内人口密度增大，人地关系矛盾凸显，沈氏又开始了对凤山楼外土地的整治与改造，为建设新居住区储备土地资源。两百余年中，沈氏采取分区域逐步开发、不断增大开发强度、有序开拓的建设原则。对于新居住区的建设，以凤山楼东边开发为首要，不仅建造民居以满足居住需求，还营建祠堂、庙宇、书斋等功能性建筑，建构和充盈村落精神空间。其次对凤山楼西边土地和北部山坡地填土劈山，民居蔚然，规模壮观。在西边，采取对低洼地进行填埋、加高地势的方式进行土地开发，顺应时势建造满足农业生产所需的集体性构筑物，时移世易，又果断改为民居建设用地。对于北边山坡地，则采取逐级削平山体、平整土地的方式，是凤山楼村对地形改造强度最大的区域。尊重规律的科学规划，持之以恒地开拓建设，如今凤山楼村居住区，形成了以东西向的横街巷为主、南北互通的村内交通网络。除个别例外，凤山楼村的建筑大多为南向，通风采光极佳（见图5-1）。

图 5-1　航拍凤山楼村（由饶平县博物馆提供）

第一节　明清民国时期凤山楼村形态演变

自1630年由福建诏安科下村迁入广东饶平，南涧公及其后裔在山林荒地间艰辛拓殖，于动荡不安中顽强坚守，开基立业，繁衍子孙，聚居成落。至 19 世纪初，百余年中，村落经历三个重要发展阶段，分别是开创鸟仔寮村（庵前）、建造凤山楼、易名凤山楼村。鸟仔寮村是沈氏早期建成的居住址，位于后头山半坡处。经年累月艰辛奋斗，沈氏又在后头山脚建造凤山楼，形成山坡与山脚共存的两处居住址，村落得以壮大。劫后余生，焚毁半坡茅寮后，村落仅存山脚处的凤山楼。沈氏居住址由半坡向山脚迁移，是这一时期村落发展最为重大的变化，村落形态剧变，并对村落未来发展产生了深刻且深远的影响。19 世纪初至清末，村落发展再经历扩建寨畔、村落东拓两个阶段。这个时期形成的居住空间具有三方面特点，即凤山楼平面大为改观，凤山楼以东初现街巷格局，村落功能性建筑周密布局。民国时期，凤山楼村仍在兴修祠堂，在清代形成的村落框架中稳定发展。历经明、清、民国，村落形态百年流变，展露无遗。

一　1630 年至 19 世纪初

1630 年：半坡茅寮

1630 年，一支沈姓迁徙队伍从福建东来，卜居在凤山与大岭山两山垭口前的山坡上，草创村舍，成为很小的居住点。据传，当时山坡上有一座尼姑庵，沈氏居住点便被叫做"庵前"，从两者位置关系看，这个很小的居住点可能位于尼姑庵的前方。形成定居点的草创阶段，笔者称之为"庵前村"时期（见图 5-2）。肇基于山坡，既可免于洪水危害，在山脚以南 0.75 千米处还有大片荒地，以资开垦。沈氏的定居点，就在这样一个较为有利的环境里自然而然地快速发展起来。光阴流转，半坡农家，人口增长。竹篱茅屋，渐次增多，扩展成村，名为"鸟仔寮"。从村名可知，在山坡搭建茅寮栖身，这是沈氏早期使用的建筑类型。当

时是否还有其他类型建筑，以满足更加多样性的功能需求，有待
深入考证。

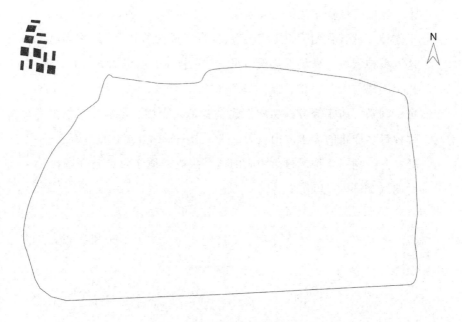

图 5 - 2 "庵前村"时期

1760 年：旧村新楼

年复一年，春种秋收，迨至清乾隆年间，沈氏举全族之力再
拓新址。1760 年，一座双环形围楼，在鸟仔寮村南坡山脚建成，
此时，距沈氏迁居饶平已逾 130 年。部分鸟仔寮沈氏从半坡搬迁
到围楼，小部分人口留居在半坡旧村址，山坡与山脚一旧一新两
处居住址，同时并存与使用了 20 ~ 40 年。山脚围楼与山坡茅寮
两者位置高度相差悬殊、形式迥异、性质不同、建造技术有别。
茅寮散落山坡，居住在此，易于采集野果和捕捉野生动物，但是
山下耕种山坡居住，往返劳顿，力有不逮。村民在平坦开阔之处
居住，能够更加靠近农田，利于农事。茅寮一间即为一户，围楼
却是将一户一间作为建筑的基本单元，总体上形成环形闭合式的
平面。围楼内开凿水井一口，生活用水无虞。同用竹子与茅草搭

建的简易小寮屋相比,以三合土夯筑而成的双环形围楼体量庞大,投入的财力物力人力精力巨大,不可同日而语。双环形围楼甫一建成,鸟仔寮沈氏立即着手在围楼西侧,为沈氏共同尊奉的祖先神"武德侯祖"建造庙宇,名为"凤岗雄镇",俗称大宫。这方精神领域,满足了沈氏向祖先神灵祈祷、以求福佑的心灵依托。围楼与大宫一带,既是鸟仔寮村的新区,也是核心区,民居、祠堂、庙宇等各种功能性建筑皆备,能够满足居住、祭祖、拜神等多样化的需求。山坡与山脚一旧一新两处居住址并存,一楼一井一祠一庙构成村落中心的这个阶段,称之为"鸟仔寮村"时期(见图5-3)。

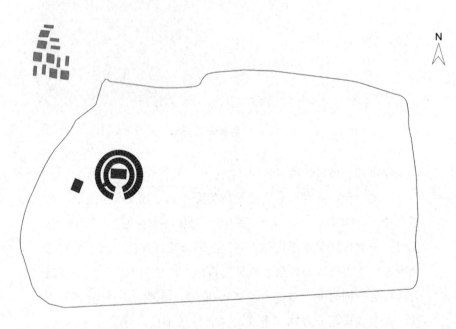

图5-3 "鸟仔寮村"时期

1781~1813年:避难于楼

在1781~1813年间,鸟仔寮沈氏因受天灾欠缴田粮赋税,面临官兵清剿。危难之际,为保全村落,在来村任教先生叶观海提议下，沈氏全部集中到围楼居住。又果断做出放弃半坡居住址的决定，焚灭了苦心经营逾一个半世纪的半坡家园。尚未命名的围楼就此由叶观海命名并题写楼名——凤山楼。自那时起，一个名叫"凤山楼村"的村落以一座围楼的面貌出现在世人面前。焚毁半坡居住址，是沈氏血缘村落发展史上最为重大的转折点，村落易名，一楼一井一祠一庙构成了凤山楼村，这个阶段为"凤山楼村一期"（见图5-4）。这次极为被动的村落收缩，导致居住址迁移，重塑村落格局，并为村落再度扩张开辟了新空间。

图5-4 "凤山楼村"一期

二 19世纪初至20世纪初

1813年：扩建寨畔

凤山楼建成后半个世纪，约在1813年，沈氏举族再次大兴土木，扩建凤山楼。因受地形限制，无法形成三环相套的格局，只是在寨围以北扩建一座弧形寨畔。寨畔东西两个入口均不设门扇，通达无阻。在西侧入口靠近大宫后墙的位置，开凿有一口水井，居住寨畔者可以就近使用，而无须通过大门进入凤山楼取水。寨畔共有 29 间房屋，建有民居、公厅、庙宇，在寨畔偏西侧相连建有居先公祠世德堂和新营祖祠成德堂，在沈氏宗祠以北方向，建有一座关爷厅。寨畔是集民居、祠堂、庙宇三种功能于一体的建筑综合体，在平面和结构上浑然一体。扩建寨畔，打破了凤山楼围合而建的构造，成为日后村落采用纵长方形民居，并相连成排布局的先导。扩建后从整体面貌看，凤山楼仍是村落唯一的民居建筑，一座楼即是一座村。在兴建寨畔前，沈氏还在凤山楼以东建造了天后宫，希冀妈祖护佑。村前联饶溪波平如镜，溪上航船安全，更加庇护凤山楼村免遭洪水侵害。笔者把建成天后宫、寨畔的这个阶段划为"凤山楼村二期"（见图 5 - 5）。

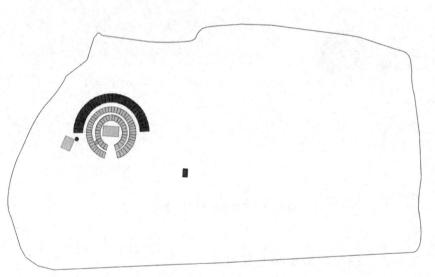

图 5 - 5 "凤山楼村"二期

1833 年：村落东拓

寨畔建成后约 20 年光景，凤山楼就已无法容纳迅速膨胀的人口，1833 年左右，有房派开始在凤山楼外开发"公地"建造房屋，由此拉开村落东拓的序幕。那时，凤山楼西面是低洼地和一小片水田，楼门以南是池塘、农田和联饶溪，北边坡度不断增高，开发难度较大，只有东边是高低不平的山坡地，加以平整可建屋宇。村落东拓中，庙宇、水井、桥梁、村门等村落公共性建筑，采取合族共建共用方式。同时允许以房派为主体，采取分片渐进方式拓荒开发"公地"，作为房族成员建造住宅和房族公共建筑的基础。这种由房派成员在公地上自建住宅，与举全族之力建造凤山楼，方式迥异。东拓之时，如何划拨各房的"公地"区域，各房又是如何将"公地"在成员之间进行分配等，详细的情况现在已经无人知晓。已知率先在凤山楼外进行土地开发的房派，是繁衍旺盛的下房佑启堂朝宾公派。该公派民居较为集中地分布在鹤山祖祠周围，形成公派民居簇拥公派祠堂的鲜明布局。这方面的情况，将在第七章"祠堂墓葬与聚落形态"再做具体分析。

约始于1833年的村落东拓迄至清末，持续近80年，不断拉开村落发展框架，重塑村落形态。自凤山楼向东展布，陆续营建的祠堂有鹤山祖祠、瑞德堂、维笃祖祠、顺德堂以及一座不知名的公厅，庙宇依次有大枫脚土地公、孔庙、贮埕土地公、开山圣侯、关帝厅，还有一座书屋即"三房书斋"。相继建成今田墘一巷天后宫以东部分、田墘二巷的大部分、明德堂后巷的一部分、水美祠巷井前井后，以及邻德轩、顶书斋、朝阳轩、兰桂轩、及锋书屋、近道轩、傲山居等大型民居。以上各类建筑物在空间上组合形成了并不相连的两个团块。姑且按照距离凤山楼的远近，把这两个区域分别称为"凤山楼近东区"和"凤山楼远东区"。"凤山楼近东区"紧邻凤山楼东侧，西起邻德轩，北至顶书斋，南抵朝阳轩，建筑密布，功能完善，颇具规模。其中，以纵长方形民居数量为最多，采取一户一间相连成排的建设方式，少则两间多则数间相连而建。由天后宫、孔庙、贮埕土地公等组成庙宇空间。由下房鹤山祖祠、瑞德堂和顶房维笃祖祠等组成祠堂空间。下房邻德轩以及顶房及锋书屋、武德流芳、兰桂轩、顶书斋、朝阳轩等三合院民居、四合院民居分布其间。以上建筑物自南向北大体上形成四排，东西向的横街巷雏形初现，为村落街巷系统建设奠定了最初的基础。"凤山楼远东区"距离凤山楼约 200 米，和"凤山楼近东区"之间是一片空地。直至清末，"凤山楼远东区"内只有五座建筑稀疏分布，北有顺德堂，南有"三房书斋"、关帝庙以及一间不知名的公厅，近道轩在西，傲山居在东。这五座建筑物中，除关帝庙是全族性的公共建筑外，其他建筑均属顶房建造，有祠堂、书斋、庙宇和三合院民居等，唯独没有一间纵长方形民居。

从建筑物分布情况看出，村落东拓所形成的两片区域在开发力度上差别极大。在"凤山楼近东区"，建筑物密集分布，祠堂、庙宇、民居等建筑类型多种多样，仅民居就有纵长方形、三合院、四合院等丰富形式。从纵长方形民居的大量出现可以判定，"凤山楼近东区"承载了相当数量的家庭在此居住。根据祠堂与民居所属房派可知，顶房和下房是"凤山楼近东区"的开拓者和建设者。"凤山楼近东区"在清末，已形成功能完备、相互联系的有机整体，具有开发力度强、开发程度高的特点。再看"凤山楼远东区"内，虽然建成了属于顶房的祠堂、书斋、庙宇和三合院民居等功能性建筑，但尚未建造一座纵长方形民居这一普遍采用的民居样式，说明顶房是该区域的开拓者和建设者，尚处于开发初期，开发力度较弱，规模有限。若将"凤山楼远东区"视为"凤山楼近东区"的早期发展形态，可见房派中具有较强经济实力的族人是主导"公地"早期开发的重要力量。

村落东拓，是凤山楼村由一楼一村的团状布局，向块状村落形态转变的过渡时期。这期间，邻德轩、及锋书屋、兰桂轩、顶书斋、武德流芳、近道轩、傲山居等三合院民居、四合院民居开始出现，建造数量虽少但建筑体量大，均为富丽堂皇的独栋建筑。这两种形制的民居与纵长方形民居，都是凤山楼村此前未曾使用的民居形式。其中，纵长方形民居成为日后凤山楼村建造数量最多的民居类型，并沿袭间间相连、成排建造的方式至今。凤山楼村东拓，还采取了两个至关重要的举措，一是在村前联饶溪上建造一座六孔石桥，从而打通了村落向南的道路；二是在村落四方分别设立村门，为一个急速扩张的村落廓清边界，竖立起地理标志性的构筑物。村落东拓阶段，"凤山楼近东区"和"凤山楼远东区"形成，村门、桥梁等标志性构筑物落成，这个阶段为"凤山楼村三期"（见图 5 - 6）。

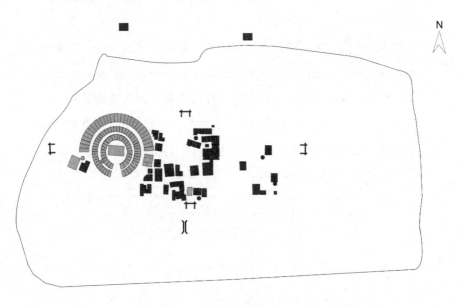

图 5 - 6　"凤山楼村"三期

三　民国时期

民国时期，凤山楼村仍在兴修祠堂，两大房各建祠堂一座。下房佑启堂公派延续着旺盛的发展势头，派下茂周公后裔在武德流芳北面兴建了水美祖祠。顶房仰翰公派于 1947 年将"三房书斋"拆除后，原地兴建沈氏祖祠思成堂，直至 1950 年方告完工。

建成于民国时期的民居，全部位于"凤山楼近东区"，都采用纵长
方形的平面形式，相连成排。在水美祖祠和邻德轩之间的空地上
建造了 F241～F244、F256～F262 两排民居共 11 间，以及 F266、
F267 共 2 间，朝阳轩以东建造了 F173～F179 共 7 间。民国时期，
"凤山楼远东区"建设基本处于停滞状态。民国末年，今思成一巷
和思成二巷西段方才开始建造民居，于 1950 年底陆续竣工。作为
农业村落，凤山楼沈氏世代务农为生，播种耕耘需要大量使用农
家肥。居住在凤山楼，各家可在墙角挖坑积肥，居住在凤山楼外，
则在村落统一划定的区域中，各家自建厕所，以自制农家肥。每
间公厕约 3 平方米，建造方法极简单，向地下深挖一坑，有圆形
和方形二种，内抹白灰，再用碎石从地面垒砌约一米高的四面围
挡，留一扇入口即成。于是在近道轩以西和以北的荒地处，形成
了公厕区。民国时期，凤山楼村没有进行大规模建设，只新建少量
纵长方形民居和 2 座祠堂，不再建造庙宇，村落形态总体保持稳定，
笔者将其划为"凤山楼村四期"（见图 5-7）。

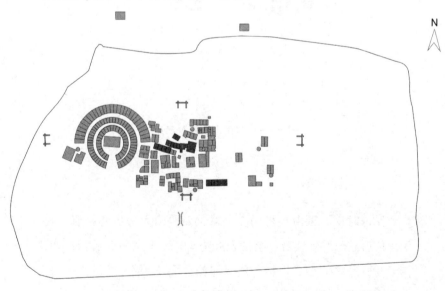

图 5-7　"凤山楼村"四期

第二节　新中国成立以来凤山楼村形态演变

新中国成立，革故鼎新，凤山楼村昔日由公派建立"公地"之风荡然无存，对于村落建设及面貌变迁，产生了至为深远的影响。1949 年至改革开放初的 30 年间，凤山楼村大刀阔斧进行村落西展与北扩，建造辅助农业生产区，同时对新中国成立前建成的居住区，进一步挖掘内部潜力，在其中"插花式"增建房屋。经年拓殖，村落居住址规模继续扩大，并最终冲破清代以村门设立的四方边界，打开了村落发展新空间。

1979 年以来，凤山楼村建设如火如荼，移山填土以建造民居和铺设场埕，挖塘养鱼以保持生态良性循环，为加工制造辟出专门区域，被征收的耕地上厦深高铁穿村而过。新中国成立至今，村落面积与 1949 年相比扩大近两倍，各种新功能不断出现，强势布局，村落形态随之递变。民居大量兴建，还建造了学校、戏台、作（场）坊等其他功能性建筑，不再建造祠堂、庙宇，开凿水井。制度革新推动村落快速发展，大宫以西区域的开发，即是响应政策号召强力推行，打下了深刻的时代烙印。"文化大革命"期间，凤山楼村较为平静，不仅华堂美屋未遭破坏，更将主要精力用于村落西展与北扩，呈现欣欣向荣的景象。村落建设遵循"存旧布新"的原则，传统风貌完好保留与传承。

一　1949～1978 年

1949 年：南区再建设

在"凤山楼远东区"，民国末年开始建造的民居，到 1950 年底都已相继建成。而后，村民陆续在远东区空地新建民居，相连成思成一巷西段和思成二巷西段，组成街巷。1971 年公社做出决定，变更近道轩以西和以北公厕区使用功能，调整规划为住宅区。将该区域民国时期建造的厕所整体拆除后，再进行填埋和土地平整，按照每幅宅基地 4 米×8 米的面积标准，陆续建成民居，形成思成三巷和思成四巷、思成五巷西段，以及水美祠巷和田塍二巷东段。1975 年，又在凤山楼东北侧，原村落北门旁空地新建民居，形成四德堂后巷。1978 年，思成五巷东段和水美祠巷最北边一排民居建成。除建造民居以自住外，在特定历史阶段，凤山楼村也曾专门为外来人口建造住房。"文化大革命"期间，在思成五巷 F406 至贮埕土地公之间的空地，凤山楼村相连建造了 F286 ~ F288 共 3 间房屋，提供给知青住宿。几乎同时，又在田塍二巷南侧巷道建造了 F214 ~ F216 共 3 间房屋，作为村供销社和卫生站等。这些房屋与纵长方形民居的平面并无二致，只是书写在墙身的标语、装饰于门楣的图案等，时代印记鲜明，显得与众不同。这 6 间房屋建成之初为集体财产，1981 年前后出售给村民。民国末年居住区内空地，基本上建起了房屋，笔者将这个阶段划为"凤山楼村五期"。这种基于居住区内部空间的挖潜和再造，提高并发挥了土地使用效率，使村落在外来人口居住、医疗卫生、百货商品供应等方面的功能日臻完善（见图 5 - 8）。

1958 年：村落西展

凤山楼以西开发建设始于 1958 年，前后经历三个阶段，至 1970 年代末显露格局。1958 年，人民公社成立伊始，凤山楼村即开展对大宫以西一片地势低洼水田的改造，目标是在此地为凤山楼住户集中建造猪寮与公厕。公社首先组织人力填土造地，成地以后，动员居住在凤山楼的村民，把建于楼内的猪寮迁建到此地，圈养家畜，拆建费各户自行负担。并参照民国

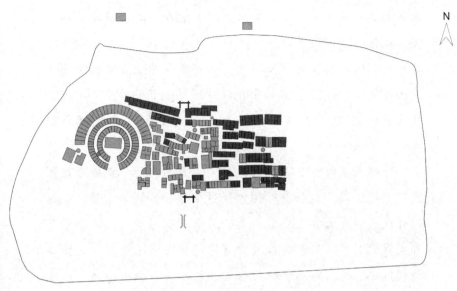

图5-8　"凤山楼村"五期

在近道轩附近建设公厕区的做法，由凤山楼各户在此地自建厕所。现在已不能确定是不是每户都建有猪寮，根据凤山楼96间住房数量，按照一间一户计，此地曾集中建有厕所96间，再加上搭建的猪寮，两类构筑物数量及总占地面积都颇为可观。采取集中连片建造猪寮和厕所的方式，一方面是对凤山楼村历史上形成的习惯性做法的沿袭，另一方面则是"农业合作"的形势需要，主要目的是扩大农家肥的积肥量，以助农业生产大发展。经过1958年的初步开发，大宫以西土地利用效能大为提升。

　　然而，集中连片建造猪寮的做法，并没有实事求是地考虑到村民生产生活的便利性，增加了村民负担。只是过了"一头猪的光景"（按：猪出生到出栏的时间，一般为14个月），在村民强烈要求下，1960年公社决定统一拆除大宫以西连片猪寮，村民又将建材各自运回凤山楼，在屋前原位复建。1967年，大宫西区开始第二轮建设。将拆除猪寮后空置多年的地块转为宅基地，按每幅宅基地6元的价格出让给村民，西区民居建设就此展开。仅用三年时间，大宫以西陆续建成大宫脚三巷、大宫脚四巷、大宫脚五巷和大宫脚六巷等四排民居。此后三十多年中，这片区域上始建于20世纪60年代末的民居，悉数改建甚至重建，没有一间保留原始面貌。

公厕区保留使用到1976年方才一次性拆除，随即开始西区第三轮建设。原公厕区用地经过填埋，也转为宅基地，村民在此相继建成大宫脚前一巷、大宫脚前二巷、大宫脚仔巷和大宫脚七巷、大宫脚八巷等五排民居。西区建设率先突破清代框定的村落边界，西门在大开发中应声倒下，是首座被拆除的村门。此后，村落发展再无羁绊，拓展空间，扩大规模，势不可当。经历1958年至1970年代末的三轮开发建设，西区格局形成，稳定至今，这个阶段为"凤山楼村六期"（见图5-9）。

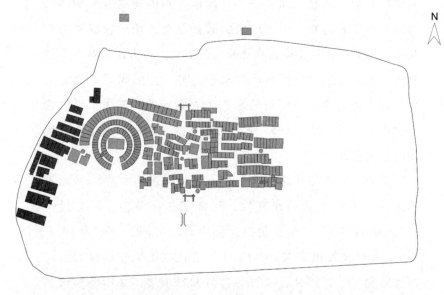

图5-9 "凤山楼村"六期

1967 年：建造辅助农业生产区

1967 年，生产大队组织全村 8 个生产小队，共同在后头山 2 米高的东坡平整土地，建造集体晾谷场，俗语叫做"粟埕"。粟埕呈长方形，长约 150 米，宽约 60 米，占地面积 9000 平方米。为方便就近堆放稻谷，凤山楼村就在粟埕北偏东方向配套建造了一排简易房，分配给 8 个生产小队使用。这排简易房共计 18 间，平面均为纵长方形，每间房屋长 6 米，宽 3 米，两面坡屋顶。1976 年，凤山楼村又在简易房东侧，按照同等房屋面积加建一排，计有 19 间。东段与西段农业简易房总长度达到 102 米，总计 37 间。笔者将建造辅助农业生产区的阶段，划分为"凤山楼村七期"（见图 5 - 10）。

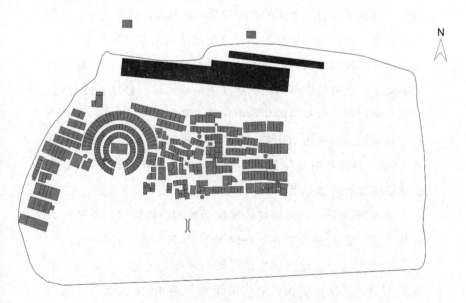

图 5 - 10　"凤山楼村"七期

这排原属集体所有，专为农业生产服务的用房，在 1980 年代全部出售给村民。极个别的购买者在屋内加建灶台，稍做改造后作为民居使用，还有一部分购买者只是将其做为家庭堆放农具的专用房，绝大多数的房屋至今仍然空置。由于农业简易房功能单一，使用率低，且使用时间较短，因而这排初建于 1967 年，增建于 1976 年的房屋，至今整体如新，状况良好。

1975 年：村落北扩

在对南区空地采取"插花式"建房再开发和西区三轮开发建设后，凤山楼村将发展的目光投向了村北后头山，并在 1975 年启动村落北扩。按照整体规划，采取将山坡地逐级平整、建造联排纵长方形民居的方式。计划建造房屋总数 60 间，每幅宅基地 4 米×8 米的规格，划分为东部、中部和西部三段，各段以纵向的巷道分隔，为未来二期开发前后巷道的互通预留通道。清代民国建成的居住址北侧即是山地，且坡度不断增高，在山坡建房并非易事，困难多，强度大，成本高，并且居住地又与农田相距较远，这些都是村民考虑的实际问题。正因此，规划公布后鲜有村民问津。公社及时调整方案，一改货币购买宅基地的老办法，采用以实物换取宅基地的新方式，即每户只需把 30 斤稻谷交到村办加工厂，就可以得到一间宅基地地皮。这一做法行之有效，得到村民认同，后头山的开发才有了实质性推进。后头一巷联排民居建成后，总长约 260 米，东段建有民居 13 间、中段建有民居 17 间、西段建有民居 30 间，房前巷道宽普遍在 5 米左右，东段巷道最宽处达到 8 米。

改革开放后，凤山楼村持续推动后头山坡开发，不断加大开发力度，扩大开发面积。1984 年，启动后头二巷民居建设，在宅基地尺寸上做出适应生活需要的调整与优化，即面阔 4 米保持不变，进深由后头一巷的 8 米加长到 15 米。此后，凤山楼村新建住宅都参照这一标准，村民住房条件显著改善。1985～1989 年，逐步在晾谷场地及其周边建设了后头三巷、后头四巷。后头二巷、后头三巷、后头四巷在规划设计上沿袭后头一巷的做法，即整排房屋以纵向的巷道分隔成段，形成南北互通、纵横交错、民居整齐划一的格局。2013 年，只有后头四巷西边还是山林，这里将是凤山楼村下一步开发的重点区域。除去购买宅基地但还没有建房的个别农户之外，后头二巷东、中、西段分别建有民居 6 间、15 间和 27 间，共计 48 间；后头三巷东、中、西段分别建有民居 5 间、15 间和 12 间，共计 32 间；后头四巷东段和西段分别建有民居 8 间和 14 间，共计 22 间。加上后头一巷 60 间民居，整个后头片区总计有民居162 间，是凤山楼村民居分布最为密集和整齐划一的区域。以后头一至四巷建成为标志，该阶段被划分为"凤山楼村八期"（见图 5 – 11）。

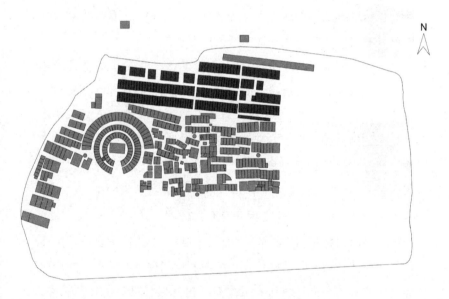

图 5 – 11　"凤山楼村"八期

二　1979 ~ 2013 年

1979 年：营建东区

东区开发之初旨在为北区住户提供生活配套，之后扩大用地面积，陆续建设作坊、学校、民居等，至今仍在不断增建民居。建设后头一巷时，尚不具备在室内安装卫生间的条件，为了给住户提供生活便利，村里就在后头一巷以东择地，1979 年统建了几排公厕，作为北区的生活配套区。1978 年 12 月，改革开放的号角在神州大地吹响，凤山楼村几位农户敢为人先，在耕种土地的同时，率先开展农产品加工、家畜养殖等副业生产，成为凤山楼村最早的专业户。他们与在凤山楼村投资开办加工厂的外来经营者一道，开发东区土坡地，建造生产用房。凤山楼村专业户先后建有碾米场、屠宰场、养猪场等，外来经营者建有食品加工厂、塑料袋加工厂，还租用老旧校舍开办不锈钢门窗加工厂等。这些生产经营性用房集中分布在东区东南一带，渐次形成作坊区。作坊区选址远离居住区，与 1978 年建成的思成四巷西段和思成五巷之间，是一大片尚未开发的土坡地。

　　这片土坡地，其后历经凤山小学建设、思成巷东段民居建设、学校脚前后巷民居建设等，这些建筑渐进式向作坊区发展与靠近。1984 年，凤山小学动工建设，翌年，两排单层教学楼建成投入使用。1996 年，启动凤山小学二期扩建工程，拆除前排教学楼并在原地建造一栋"凸"字形三层楼房，又将学校围墙向南延长 30 米，扩建工程于 1997 年竣工。扩建后的凤山小学占地面积 2076 平方米，建筑面积 980 平方米。改革开放后，凤山楼村发展果树种植，村民收入增长，有经济实力进一步改善生活条件。居住在后头一巷的住户，纷纷利用门前宽敞巷道，在房前加建一进院落，内设厨房和卫生间，提升居住品质。如此一来，后头一巷以东的几排公厕便逐渐停用，村委会适时做出决定，变更公厕区用地功能为住宅用地。1997 年，凤山小学以北居住区开始建设，但是不再采用一次性发放宅基地的做法，改为统一规划、分批次发放的方式。1997 年，该区域每幅宅基地价格为 4500 元，因与南区距离较远，鲜有购买者。十年后，每幅宅基地价格达到 8000 元。由于购买者都具有较强的经济实力，对房屋的建造标准也更高。房主请专业施工队建房，采用钢筋水泥结构，绝大部分建成二层或三层楼房，往往在门前铺设小块水泥场埕。这片区域后被命名为学校脚前后巷，是凤山楼村面貌最新、建筑质量最高的一片居住区，建设开发仍在持续进行中。2006年前后，凤山楼村还进行了思成巷东段建设，每幅宅基地价格4800元，2009～2014年陆续建成。从为北区提供生活配套，到建设作坊、学校、民居等，笔者将东区营建阶段划分为"凤山楼村九期"（见图5－12）。

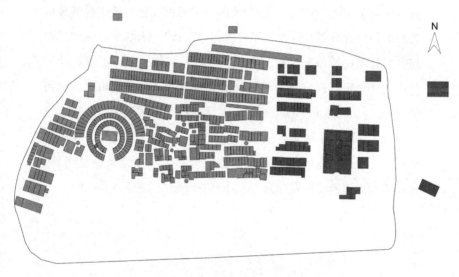

图5－12　"凤山楼村"九期

1990年：公共场域建设

凤山楼村山美水美人聪慧，在尊重和传承村落历史的同时，因地制宜，大规模开展场埕、池塘等公共场域建设，更加适应时代发展，满足村民生产生活需要。1990年，凤山楼村利用平整后头山坡挖掘的泥土，填平凤山楼以南一块长约13米、宽约15米的池塘，改建为新场埕，并与凤山楼原场埕连为一体。铺设工程完工后，凤山楼场埕总面积扩大两倍，又在场埕西侧建造一座戏台。按照不改变凤山楼前布局的原则，在场埕以南水田重新开挖一方池塘，相较于原池塘南移约 18 米。经过新一轮改造，这片凤山楼村历史最为悠久的区域，不仅保持自北向南依次为凤山楼、场埕、池塘、水田的格局与风貌，而且为传统文化活动的举办提供了更佳的场所，整体功能显著增强。

新池塘竣工后，村委会决定以此方池塘为起点，按 58 米等宽，渐次向东再开挖三方池塘，创设出以进村直道为分隔，道路东西各有两方池塘的对称布局。大面积增设池塘必然要占用农田，这要得益于 1975 年饶平"治涝改溪"工程的实施。该工程将凤山楼村前的门脚溪截弯改直，河道整体向南推移近 30 米，更加远离居住区最南边的田塍一巷。生产大队因势利导，组织力量在此开垦出大片水田。四方池塘西起村落大宫脚巷，东至作坊区，总面积 58 亩。从而形成了以星光桥头"凤山楼"界碑为起点，经由直道入村，田园四季如画、池塘鱼跃波绿、民居古今并存、青山瓜果满枝，自南向北渐次展布的村落空间形态。扩建凤山楼场埕、修建四方池塘的阶段划分为"凤山楼村十期"（见图 5 - 13）。

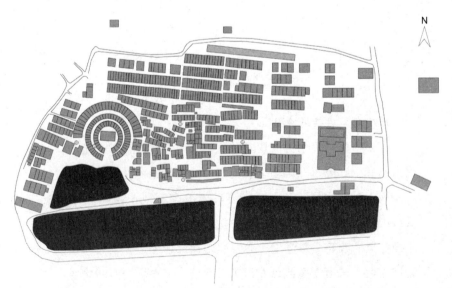

图 5 - 13 "凤山楼村"十期

第六章

人地关系与聚落形态

村落为人类求生存所开辟和营造，它的空间范围既包含居住空间，也包括更广大的生产空间。自创建村落迄今，三百多年中，凤山楼村历经自然环境的缓慢改变，人地关系随时间、地点和条件的不同而有所变化。就粤东闽西的地理环境而言，一般来说，地力较丰、可樵可居、水源便利、背山面水之处是较佳的居住地。凤山楼沈氏对于村南联饶溪的改造、村北水利设施的建设，尊重自然规律，趋利避害，积极应对。沈氏先祖在山坡居住时，居安思危，谋划在山脚建造凤山楼，是对人地关系重新认识的明智之举、应时而变的深谋远虑。血缘观念和家族意识是建造"大型家族性集体住宅"的重要内因，其后生成的"大型家族集体性住宅"则是这一观念和意识的继承和发展。

村落建设与发展，一定程度上取决于社会生产力的发展水平和生产关系的性质。对于农业用地，凤山楼村致力于南部和西部水田以及后头山坡林地的垦殖，精耕细作，稻蔬遍野，瓜果飘香。对于作坊区的规划布局，不仅以便利于生产经营为考量，而且最大限度地减少对村民生活的影响，保证村落良好的生态环境。池塘的兴建，不仅促进养殖业的发展，也有益于调节村落小气候和景观美化。总体上看，凤山楼村居住区规划科学、营建有序，居住区与耕种区、作坊区匹配得当，构成了山、水、林、田、路在布局上的紧密联系，在发展中保持了农业生态系统的动态平衡，是一个人居环境优良、与自然环境和谐相容的村落。

图 6-1　寨围 F72 倒塌前（上）后（下）

进入 21 世纪，凤山楼村经济总收入大幅提高，农业种植的经济收入占总收入的比重下降。赴外地打工、在县域内务短工、农闲从事手工业等是村民收入增长的重要来源。凤山楼村鲜有闲人，人人都是时间的主人，个个积极肯干，充满活力地从事生产劳动，创造美好生活，这是一个欣欣向荣的村落。当经济收入显著增长，土地政策难以满足异地新建住房需求时，拆旧建新是改善居住条件的唯一途径，村落传统风貌的改变难以阻挡。有能力改善居住条件的村民，将旧屋拆除，原地兴建三层混凝土楼房。

作为单姓血缘村落"大型家族性集体建筑"的凤山楼，其结构残缺，若不加以修缮或重建，在风雨侵袭中又能维持至何时（见图 6-1、图 6-2、图 6-3）。

图 6 - 2　田墘一巷 F205 新（上）旧（下）房屋

图 6 - 3　水美祠巷 F245 新（上）旧（下）房屋

第一节　选址营建

　　黄冈河流域多高山峻岭，河道弯曲狭窄，地貌形态复杂多样。村落地址选择于何处，需考虑既能够在最短的时间里实现迁移后的安定，有利于沈氏生存绵延，形成血缘村落，又能为日后长久发展提供足够的承载空间和开发潜能，这些或许是南涧公等沈氏先辈在

选址时思虑最多的问题。通过第五章对凤山楼村形态演变的梳理与
分析，可知沈氏对于村落位置的选择，经过一番悉心谋划，重点考
虑了黄冈河流域土地和溪水的特点以及卜居点周边已有村落的基本
情况。参考沈氏祖居地福建诏安县科下村和饶平县新丰镇沈屋村的
村落环境，综合各方面因素考量，南涧公等沈氏先辈将选址范围确
定在黄冈河中游，今天联饶镇中东部一个面积不大的小河谷盆地。

一　依山傍水

联饶镇中东部的小河谷盆地，南面有南岭自西向东展布，中
部有门脚溪穿流而过，北面有凤山和大岭山①。这里，既有水陆
运输的便利，也有河阶两岸适宜耕种的土地，是一个较为理想的
定居点。沈氏最终选定的居住址，就位于凤山和大岭山两山垭口
前的一片低矮山坡，西南面向南岭。沈氏落地生根，草创村落，
并为这片山坡起名"后头山"（见图6-4）。后头山实际是凤山
楼村北部诸多小山丘的总称，从西往东分别有后当山、中央山、
东行头山、猪沟山、彦厝山，村东还有葵林山。后头山周边，从

图6-4　凤山楼村地形

---

① 在潮汕方言中，人们称小丘陵为"山""岭"，江与河叫"溪"。林伦伦：
《地名学与潮汕地名》，艺苑出版社，2001，第44~45页。

西面起有大枫脚山、瓦窑前岭山、腰龟树山、树林仔山、多年山及下大林山等（见图6-5）。后头山上林木茂盛，不仅可采薪，为生活提供充足的炊煮燃料，还可伐木，作为建造和维修寮屋的材料。村落建在山阳，依坡就势，这种前低后高的格局，十分利于排水、通风，冬季更可以防寒并享受充沛的阳光。

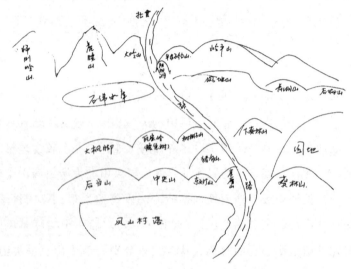

图6-5　凤山楼村北部诸山丘（沈锦龙手绘）

凤山楼沈氏习惯称村前联饶溪为"门脚溪"。这条溪水发源于福建诏安西潭后岭村北部诸山下，流入广东境内后被命名为"联饶溪"，是黄冈河八条主要支流之一。联饶溪先后和联饶镇东南方潮刘村、许厝寮村的两条小溪流汇合，当地人形象地称其为"三姑娘水"。当流过今凤山楼村南面水田时，溪流弯曲呈"U"形，俗称"反弓水"，又继续逶迤向西，经联饶镇葛口村前汇入黄冈河。联饶溪河道弯曲淤浅，每逢雨季常常泛滥成灾，只有在距离联饶溪最近但又不易受洪水威胁的地方，才是定居的理想之地。因而，沈氏将村落地址选定在后头山南坡，既可免于洪水危害，也可利用南坡脚下以南0.75千米处大片有待开垦的土地，联饶溪上还可捕鱼钓虾，生活无虞。这个很小的定居点就在这样一个水美林茂、溪水漂碧、土地肥沃的自然地理环境里十分自然地迅速发展起来，形成凤山楼村的前身——"鸟仔寮村"。将沈氏所选定的村落地址与周边山、水、田野等的关系结合起来看，村前腹地开阔，与南、东、西毗邻的村落之间是大片的田野，门脚溪从中穿流而过。依山、傍水、近田是沈氏先祖对理想村落最基本的认识。

二 沃土良田

"万物生长靠太阳"，但也靠沃土，充裕的耕地是农业村落生存的重要物质依托。凤山楼村东有张厝寮村、林厝寮村、许厝寮村、赤坑村，南有黄岐山下乡村、塗楼村、灰楼村，西与洋东村、西山村接壤，北与新圩镇市田村、曲河村交界。黄冈河调查队的资料显示，沈氏1630年定居后头山之时，今凤山楼村周边相邻村落中，东边张厝寮、林厝寮等自然村还没有建立，只有许厝寮在宋代建立。南边星光村所辖的三个自然村中，灰楼村于1554年建立，还没有下乡村和塗楼村。西边洋东村所辖的洋东、西山和铜金井等三个自然村，也都是在清代创建。北边新圩镇的市田村于康熙十六年（1677）建村，曲河村从诏安迁入饶平时间不详。康熙《饶平县志》卷之一《坊乡》[①]记载"太平乡宣化都一堡四栅在县东南"，这里将宣化都一堡四栅的39座村落列示如下（见表6-1）。沈氏在小河谷盆地寻觅定居点时，周遭大概只有许厝寮村和灰楼村，四野罕有村落，空旷的环境为沈氏提供了较大的选择空间。小河谷盆地上大量荒芜的土地尚待开垦，也为日后发展储备了充足的土地资源。

---

① 刘抃纂修（康熙）《饶平县志》，潮州市地方志办公室编印，潮内资出准字第121号，第22~23页。

表 6-1 太平乡宣化都一堡四栅

黄冈堡诸村					
黄岐村	上寨村	西林村	山门村	古笃村	大陵村
漠山村	冯田村	新村	竹林村	白村	—
大港栅诸村					
卜寨村	东山村	西寨村	南山村	港口村	北港村
瓷窑村	神坑村	先甲村	上村	—	—
高埕栅诸村					
所东门	高埕村	赤墈头	塘尾村	神前村	岭后村
大埕栅诸村					
大埕村	东埕村	上底村	上寨村	—	—
柘林栅诸村					
下底村	象头村	上湾村	下湾村	山边村	下埭村
湾口村	西山村	—	—	—	—

　　毋庸置疑的是，诏安县科下村和饶平县沈屋村的村落选址和营建思想，曾经深深地影响了南涧公等沈氏先人，他们把在祖居地所受到的环境的熏陶、文化的教养以及习得的经验，融入联饶新村落的选址和营建中。粤东闽南村落"山多地少"是共同的特征，依山而建或傍山而居正是科下村和沈屋村的共同之处。地处诏安县的科下村四周山峦起伏，村里的房屋从山坡遍及山脚，房屋与房屋之间高差颇大。村内相对平坦之处，基本上被 12 座围楼占据，其他形式的民居则高高低低散落其间。也许是步履过于匆忙，行走在科下村，笔者并没有见到成片的田野，却在不少民居的屋前屋后看到开辟的小块菜地。经过询问方知，科下村居住区和农田现已被高速公路分隔，分置在公路两旁。总体而言，科下村的居住区并没有形成一定的形状，或者可以称之为不规则形，村落人居空间逼仄局促。地处饶平县新丰镇的沈屋村，整体

环境却显得十分轩敞，与科下村形成鲜明反差。沈屋村主体建筑弧形沈屋围建于山脚，坐北向南，一个村子的人同住在一座建筑物中，背靠如黛的大山，面朝碧绿的田野，脚下稻菽丰稔，是一座小而美的田园村舍。南涧公等沈氏先辈遵循常例，按照祖居地村落选址和营建原则择地而居。他们同样没有将村落建造在小河谷盆地上的开阔地带，而是紧密地倚靠着后头山，选择在山坡居住，山下耕种。

历史上村址由后头山坡向山脚迁移，是凤山楼村发展史上重要的转折点。促成村址转移的原因有二，一方面经过明末至清的世代繁衍，沈氏人口增加，在山坡继续发展的空间受到地形的诸多限制，迫切需要重新择地新建更多房屋，以缓解住房压力；另一方面，经过沈氏几代人坚持不懈开发，村落拥有的耕地面积不断扩大，农业生产的劳动强度持续加大，山坡居住、山下劳作显然不再是一种合适的安排，有必要将居住区适当向耕作区靠近，使耕作半径达到合理的最佳距离，便利生产。在这两方面原因共同作用下，1760年左右，沈氏胼手胝足在后头山南坡下，依着山脚建成一座双环围楼。一新一旧两处居住址同时并存和使用，生产生活兼具山林和田野之利。此后的岁月中，沈氏以凤山楼为中心聚居繁衍，播种耕耘，再图发展。

第二节　水利交通

"水利是农业的命脉"。新中国成立前，凤山楼村农业生产主要靠天吃饭，依赖于自然条件、自然地理环境耕作，旱涝等自然灾害严重影响和制约农业生产。新中国成立后，凤山楼村以近20年时间艰苦奋斗，开展农田水利建设，对于村南门脚溪的整治、北部灌溉工程的建设与利用等，正是基于对人地关系的正确认识，所进行的适度改造与开发。改善了村民生活、护卫了村落安全、促进了农业生产、形成了新的村落景观，为凤山楼村实现可持续发展，保持和创设了良好环境。

一　联饶溪整治

凤山楼村有一座建于清代的天后宫，坐落在村落居住址最南边，面向门脚溪。凤山楼村与饶平县南部海域直线距离尚有 16 千米，村前门脚溪河道狭窄，溪水干涸。天后宫里这尊护佑"海不扬波"的妈祖娘娘，究竟保佑哪方河海、谁家船帆，沈炳友将儿时所见所闻娓娓道来。

清代的联饶溪河道宽阔，水量充沛，从凤山楼村到赤坑村一段古通舟楫。两头尖尖的小木船从黄冈河驶入联饶溪，船只往来运输，把凤山楼村出产的花生、荔枝等农产品运往黄冈销售，又把村民在黄冈、大澳等地采购的日用品和生产物资运送回村。这段航程向南最远可以抵达黄冈河下游入海口的大澳村，向东经过凤山楼村行至赤坑村，即为终点。在凤山楼村上下船的地点，就在今鹤山祖祠前方水田中，名为"下港仔"，也叫"港仔沟"，位于天后宫西侧。究竟是先建天后宫，还是先有"下港仔"呢，无人知晓。凤山楼沈氏世代耕种，不曾以船为业，那么，在村前建造天后宫，应是意在护佑船只往来平安，保障乘船出行的沈氏以及货物安全，又能够庇护凤山楼村免遭洪水侵害。正如天后宫内楹联所书"海不扬波欣盛世，一帆风顺庆丰年"。

民国年间，门脚溪水量大幅减少，水面如同今星光村前的溪水，有三十多米宽，水位比星光村前溪水高，但通船已经十分不易，很少能够在凤山楼村前见到船只往来。只有在大雨过后，水位上涨，才有小船驶到村前下港仔。为制作优质农肥，沈炳友儿时曾经同父亲沈汝昌坐着这种"两头尖尖"的小船，专程到大澳购买火灰，这是他一生中走过最远的航程。

通江达海的联饶溪在给凤山楼村带来交通通达、鱼虾之利的同时，也对村民生产生活产生一定负面影响。联饶溪河道淤浅，洪害严重时，往往淹没农田致使作物减产或绝收，威胁村民财产和生命安全，凤山楼村和沿岸诸多村落饱受其苦。为防范水患，自民国当地政府开始对联饶溪屡次整治。据《饶平县水利志》记载：民国35年，唯临河的军寨、赤岭、冠陇、后葛、下寨等村民，各自修筑低矮单薄互不相接的防洪、防潮沙土堤[①]。沈炳友的父亲民国年间担任保长，曾带领6个组300多人，修筑了黄岐山狮地到凤山楼村田鸡坑一段的草皮堤。1953年2月28日，饶平县第八区农代会决议整治联饶溪上游"九十九曲"溪段，工程于同年3月7日动工，共组织联山、联饶等乡劳力5200多人，对黄岐山至深涂桥长9000米的弯曲溪段，适当截弯取直，修筑沙土堤，河道长度缩短为8308米，河床宽度为25~30米，工程于1954年春完工[②]。这是新中国成立后，黄冈河首宗防洪支堤修建工程。1975年10月初，饶平县政府再次组织力量，对联饶溪中下游洪涝灾害进行综合治理，拓宽河床，加固堤防，敷设电排。河道缩短为5160米，河床扩宽为30~60米。经过1946年、1953年和1975年三次较大规模整治工程，联饶溪两岸洪涝灾害有效地减轻了。

二 桥梁兴废

联饶溪截弯取直并向南推进后，村南农田面积大幅增加，四口池塘在原门脚溪河道上先后建成，村落与外界交通也随之改变。沈瑞发手绘了一幅1960年代凤山楼村民出行线路图（见图6-6），并附上文字加以说明：

---

① 饶平县水利电力局编《饶平县水利志》，1996，第76页。
② 饶平县水利电力局编《饶平县水利志》，1996，第80页。

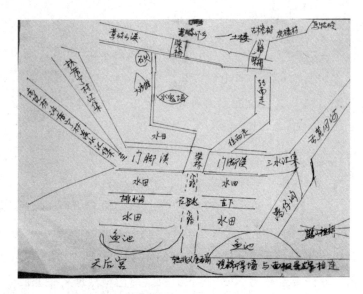

图6-6 沈瑞发手绘1960年代村南交通示意

七夕之日来访，勾起了我童年回忆。走在鹤山祖祠前面，就见到一幅照壁。照壁精工细致，两边画有花草、鱼跃龙门、鸟语花香之图案。正中间有四个大行书草字"南极星辉"，是现在钱东镇沈厝村一老书法家所书。这照壁和现在沈锦得房屋面墙连成一体，即当时鱼池界线。在鹤山保障面前望去，便望见古代柴桥。先人用大石柱立在门脚溪，童年时代到门脚溪戏水洗澡，路经现在兆义家门口，穿过天后宫面前与大池之间小路，路过上下水田小路，跨过石跳，是一条一米多宽排水沟，先人是用两条石板铺成（俗称"石跳"）。再走过两坵水田，便可以到清清溪水（里）洗澡，用柴板架成（的）柴桥便呈现在眼前。柴桥往西转南走田间小路，便是现在灰楼村，路口有古榕树为证。经过一陡坡（马牯岭）到达现在联饶镇政府，现在改建水泥路面。在门脚溪往东走转南走小路，经过一个很深的水堀（俗称"水鬼"）。因古时有人在水堀溺水身亡，死后变水鬼而得名。

所以我小时候在联饶小学读书时，父母和我前辈经常教导，此堀不准洗澡，以免发生意外。再走一段小路，便有一堆似小山泥沙（称大沙堆），又见一块巨石，我们称石头，黄岐山称猪头石。再走一小段，便是黄岐柴桥，1964 年改建成石拱桥，猪头石也被炸开为材料用。现有石拱桥去年（按：2012 年）在县政府资助重新加固，自建成至今称星光桥。

由于交通不方便，我村农产品，凡属国家上调粮食，即公粮、余粮、甘蔗，应人工挑往星光桥头上车，可知在大集体期间人力胜天。在 20 世纪 60 年代中期便建了一座沉水桥，以便人、自行车通过，大雨即沉浸洪水之中，交通便逐步形成与星光村连接，到现在平坦水泥路。这是历史变化，时代变迁。忆童年往事确是日月如穿梭，看今朝凤山楼村变成和谐之乡，新房林立，田间劳动骑摩托车，打工者添置小汽车，功劳归于党正确领导，对外开放，对内搞活。我相信凤山楼村在县委工业兴县、农业富县倡导下，经济、生活一定会（像）芝麻开花节节高。①

沈瑞发在信中提及的凤山楼村两座桥梁，一为"古代柴桥"，一为"沉水桥"。柴桥建于清代，横跨门脚溪，七根花岗岩石柱作为桥墩，组合成六跨桥身，桥面用两块杉木板平行铺设。1975 年柴桥被拆除，桥址被池塘和水田覆盖，泯灭无踪。沉水桥没有桥墩，用花岗岩石平铺在溪底，其上设置六个正方形花岗岩石座，组成桥面，石座之间留有空隙。常日里溪水较浅，行人、自行车、运粮车都可以从高出溪面的石座顺利通过，若遇暴雨水位上涨淹没石座，则需要等到水位下降后再行通过。沉水桥建于 20 世纪 60 年代中期，也在 1975 年废弃，桥址被凤山楼村委会场埕掩埋。同

---

① 见沈瑞发致吴敏信函。

年，凤山楼村又在沉水桥南建造一座新桥，取代柴桥与沉水桥，发挥联系村内外交通的作用。2009 年该桥改建为钢筋水泥结构，命名为"门脚溪桥"。如今，进入凤山楼村的交通由两桥一道构成，即南起星光村星光桥，北抵凤山楼村门脚溪桥，两座桥梁之间由一条长达 300 米的入村直道相连接，道路两边是宽广的田野。

沈瑞发在凤山楼村出生长大，生活了一辈子，可他并不全然了解门脚溪古通舟楫的这段历史，更不曾见过村前船只往来的别样风情。他对于童年往事生动详尽和富有趣味的追忆，与沈炳友对于乘船从凤山楼村出发，沿联饶溪驶入黄冈河，到达海边大澳村的回忆一道，拼接成一幅昔日凤山楼村的动人画卷。遥想当年，那时的凤山楼村，应是一派鸡犬相闻、渔舟唱晚、耕耘相望、踏歌互答的诗意乡村美景。2002～2012 年的十年中，环境变化的影响是显著的，门脚溪河道急速收窄，最宽处仅有 6 米，水量锐减，水质污染严重，已经见不到孩子们在溪水中畅游嬉闹。流水无情，它带走往日的故事，却带不走情感和记忆，天后宫依旧执着地伫立在村头，香火氤氲，潺潺溪水，低吟轻诵着往日时光。

三　水利建设

明清至民国，饶平灌溉工程设施十分简陋，主要靠溪河坑涧之利，筑坡修圳，开渠引水灌田。在地表水源比较贫缺的联饶、钱东、东界、浶洲、海山等丘陵地和沿海地带，除借用天然池塘蓄水外，普遍还在田间打井采泉，俗称田头井。联饶上寨村，有的人家竟在一亩地中打井二、三口[①]。在凤山楼村，村民们也曾在农田中打有 10 余口田头井，用以对农作物实施灌溉。新中国成立后，饶平县掀起"一村一小型水库的农田水利建设热潮"，1953 年开始试办有一定库容的小型水库工程，1958～1963 年，

---

① 饶平县水利电力局编《饶平县水利志》，1996，第 49 页。

蓄水工程大发展，县、社、队三级办工程，大中小型水库一齐上。蓄引水工程，控制饶平县绝大部分地域集雨面积，有效地调蓄地表径流，使沟涧溪河的水源得到充分利用[①]。

随着农业合作化兴起，在饶平县政府"一村一小型水利"方针指导下，1954 年开始，凤山楼村自力更生兴修水利设施，对农田进行有效灌溉，为村民生活提供用水便利。水利设施建设持续 20 多年，除修建赤北坑、塘仔垵、猫坑等三座小型山塘外，还先后建成水库、山塘及饮水工程六宗，现依照工程完工顺序，撮要如下。

1954 年 9 月至 1955 年底，兴建石佛水库。集雨面积 1.92 平方公里，总库容 63 万立方米，最大坝高 17 米，灌溉面积 1293 亩。

1957 年，建成大林坑水库。集雨面积 0.05 平方公里，正常库容 1.8 万立方米。坝长 70 米，最大坝高 5.5 米，坝面宽 3.5 米。

1957 年，建成鲤鱼地山塘。集雨面积 0.03 平方公里，正常库容 0.5 万立方米。坝长 40 米，最大坝高 5 米，坝面宽 2.5 米。

1957 年，开挖后头山沟引石佛水库水源，灌溉总长 4 公里（见图 6 - 7）。

图 6 - 7　石佛水库

① 饶平县水利电力局编《饶平县水利志》，1996，第 49 页。

1975 年，朝阳洞引水工程贯通，并建造从朝阳洞至鹦鹉园引水渠 5 公里（见图 6-8）。

图 6-8　朝阳洞引水工程

1976 年，"治涝改溪"工程裁弯整直门脚溪，平整土地。

小二型石佛水库建成后，1958 年，凤山楼村在后头山开挖一条长约 200 米、深约 6 米的灌溉沟，从石佛水库引水入村，使得约 600 亩农田得到灌溉。大林坑水库和鲤鱼地山塘两项蓄水工程分别灌溉凤山楼村农田 20 亩、水田 10 亩。朝阳洞引水工程贯通后，1996 年 5 月，凤山楼村集资 8 万元，建成一宗自来水工程，使家家户户接通水管，饮用村北朝阳洞既卫生又清甜的山泉水，一改过去饮水难、饮水不卫生的状况。持续 20 多年奋斗，凤山楼村建设蓄水、引水等水利工程，有力促进了农业生产发展，改善了村民生活。现在，农田中的田头井已全部填埋，居住区的井水清澈甘甜，深得村民喜爱，住在水井附近的人家，还是习惯取用井水炊煮，绝大多数水井仍在发挥作用。门脚溪向南推进后，村前农田面积增加，结合凤山楼场埕的扩建，凤山楼村顺势而为，在村南自西向东开挖了四口池塘。村民承包池塘开展养殖业实现增收，池塘还能够调节村内小气候，绿波荡漾的池水更加为村落增添了生动灵秀的自然景观，令人心旷神怡（见图6-9）。凤山楼村山环水绕，阡陌相连，池水终年碧绿，田野四季如画，宛如世外桃源，是自然美与人文美的和谐统一。

图6-9 村民承包池塘发展养殖业

第三节 生计方式

凤山楼村是一个农业村落，绝大部分村民从事固定而有规

律的农耕生产，农耕生产是村民最主要的生计方式。随着农业
现代化的发展，自 20 世纪 80 年代开始，在种植业经营户中分
化出少量的非种植业经营专业户，进入 21 世纪，又出现了外来
人员开办的加工厂。生计方式的多样化，促使村落对原有布局
做出相应调整，以不断适应和满足生计多样性的需求。根据生
产空间内部功能的不同，进一步划分为农业生产区和综合性生
产区（即作坊区），总体布局体现生产便利、运输通达、功能
明确的特点，并且与居住空间成为相互联系和相互制约的有机
整体。

一　春种秋收

凤山楼村现有 1200 亩耕地，得到水源灌溉的耕地面积达
800 亩，种植水稻、玉米、蔬菜、杂优瓜等。还有 400 亩旱园，
因得不到水源灌溉，大面积种植龙眼树和荔枝树。经过长期开
垦，村内耕地能够满足两熟制及三熟制的生长环境要求。"麦稻
稻"三熟制现已被"稻稻"两熟制耕作取代，冬种原以小麦为
主，现在冬季已经较少开展除水稻以外的农作物种植。第一季稻
也称"早造"，以种植水稻为主，正月初开始播种育秧，清明前
后移入大田，至农历六月收割第一季稻谷。同月底插秧，开始第
二季，也称"晚造"种植，仍以水稻为主，农历十月底收割。
村民以大田作物栽培为主的同时，还充分利用村内 3000 亩山地
和 1200 亩果园，发展速生桉经济林种植，这里是饶平县龙眼、
荔枝的主要生产基地之一。部分村民按照传统耕作方式发展蔬菜
作业，但还没有形成特色化，市场竞争力不强，经济效益不高。
还有一部分村民发展家禽家畜养殖，因受制于自然条件和环保
等，难以进行规模化生产。凤山楼村作为传统农业村落，人均耕
地面积 2 亩，土地宽广，水资源充足，村民依托土地耕耘收获，
生活无虞（见图 6 - 10）。

农历正月马铃薯长势正旺

农历二月蔬菜丰收

农历六月稻穗飘香

农历八月龙眼挂果

图 6 - 10 凤山楼村四季田野

　　新中国成立后，凤山楼村农业发展经历了两个重要阶段。
1949～1980 年，村民从事传统农业生产，种类单一，以种植水
稻为主，花生、地瓜为辅。只有村落东头和西头的土地，留有沈
氏祖先开垦种植的荔枝树林。1955 年，凤山楼村成立互助组，
村民按自愿方式组成小组，当时凤山楼乡属饶平县高堂第八区公
所。1956 年 3 月成立初级合作社，社委会下设生产组。村内全
部土地按户入股，村民将家中耕牛和犁耙等生产资料，作价交由
社统一管理与使用，劳动力也由社统一安排。实行评工记分制，
按劳力、土地各半的方式进行收入分配。1956 年 12 月，转入高
级合作社。1957 年开始，凤山楼村属饶平县凤江公社联山乡。
公社化期间，以公社为核算单位，所有生产队物资和粮食上调公
社，由公社统收统支。那时，凤山楼村划分为两个大社区，居住
在东边的村民组成"凤光社"，居住在西边的村民组成"凤鸣
社"，村民家中不存放粮食，全部在大食堂吃饭。"凤光社"大
食堂设在水美祖祠，"凤鸣社"大食堂设在大宫。这两个社实为
两个生产大队，再以住房区域细划成立 8 个生产队。原来一同耕
种自家土地的亲兄弟，被划分在不同的生产队，和队员共同耕种
生产队土地。农作物种植采用"麦稻稻"三熟制，早造种植水
稻、花生，晚造种植水稻、地瓜，冬种小麦、毛豆和甘蔗。这期
间，凤山楼村还成立了一支 20 多人的"果林队"，负责管理村
东和村西祖先开垦的果园。1962 年，贯彻中央《农村人民公社
工作条例（修正草案）》（"农业六十条"），凤山楼村开始实行
以生产队为基本核算单位的大队、生产队、个人三级所有制。
1965 年 5 月，凤山楼村在邻近村落中，率先利用村内公用建筑
物开办加工厂，用柴油机发电碾米和照明，并为村内主要道路安
装路灯。1978 年 12 月，以中国共产党十一届三中全会召开为标
志，中国开启了改革开放的历史进程，凤山楼村进入新的历史发
展阶段。

　　1980年初，在农村开始推行的家庭联产承包责任制是一项重要的改革举措，充分调动了凤山楼村民发展生产的积极性。重新分配的土地可以自行安排耕种，并在完成国家和集体任务的前提下，分享经营成果，成为凤山楼村其后大力开发村内3000亩山地、发展果树种植业的先声。1984年1月1日，中共中央发出《关于1984年农村工作的通知》，提出延长土地承包期一般应在15年以上。是年，凤山楼村开始改变过去以水稻为主，花生、地瓜、小麦为辅的传统种植业，家家户户在集体分配的水田上辟出一部分土地种植潮州柑，在旱园种植李树、桃树和梅树。1986年，村里提出进一步扩大果树种植面积，要把荒山变成花果山的目标。凤山楼村山地多，从后头山一直向北延伸，为保障村民获得平均发展的机会，把靠近居住区且较为肥沃的山地，按照1~2亩的面积划分成片，采取投标开垦方式。一时间，村民生产积极性空前高涨，在后头山垦荒栽种的荔枝、龙眼等果树，不仅绿化了山村，而且经济效益显著，凤山楼村成为1990年代初，联饶镇乃至饶平县果林业最为发达的村落，一度是全镇数一数二的富裕村。

　　1989年前后，饶平县积极开展以普及农科知识为主要内容，以农村妇女和青年为主要对象的农民教育，通过实施"燎原计划"、狠抓扫盲工作、开展劳动竞赛、推广农科技术等方式，提高广大农村妇女、青年的科技文化素质，促进农村两个文明建设特别是农业生产的发展。凤山楼村女支部书记沈清俭在种粮、养猪、养家禽、造林、种果、水产养殖"六项女能手"竞赛中，一马当先，1989年她一个劳动力便创收2万元，三年翻二番，为全县妇女树立了勤劳致富、科技兴农的榜样①。沈清俭是广东省第八届人大代表，1959~1963年，她先后担任凤江公社果林

_____

　　① 政协汕头市委员会办公室：《汕头政协》1990年第3期。

场副场长、凤光村党支部书记；1965～1974年，任联山大队党总支副书记兼凤光村支部书记；1975～1992年，任凤山楼党支部书记直至退休。三十多年中，作为凤山楼村"当家人"，她带领村民历经政策调整、外部环境改变等诸多考验，努力使村内稳定和谐、经济发展、村民增收，村落持续良好发展。

1989～1991年，凤山楼村先后扩挖四方鱼池，扩大养殖业。20世纪90年代初，果树种植面积进一步扩大到大岭山、前湖山、岭平山等一部分比较肥沃的山地，总面积已达千亩，与居住区相距更远。村集体为方便村民开垦种植，修筑了一条约300米长，可供机动车通行的山路。1993年，外省客商进村收购荔枝，村落东西两处沈氏祖先遗留的荔枝树品质优良，每斤收购价高达10元。20世纪90年代中期，水果市场价格大幅下跌，村民勉强维持经营，其后大多放弃了果园的种植管理。2005年，一部分没有上交承包土地款的土地由村集体统一收回，仍留一小部分由村民经营。收回的山地随后全部发包给村外种植户，改种速生桉树林。

凤山楼村的居住空间嵌套在生产空间里，北边和东边以果园和林地为主，分别种植龙眼、荔枝、黄皮、火龙果、桉树等经济作物；南边开挖池塘发展渔业养殖，大片农田实行粮—菜轮作体系；西边耕种区以果蔬种植为主，另有少量水田。居住区与南北农业生产区均以长边相连接，从而形成了比较均匀的耕作半径，村民步行上山、下田到最远处也只需15分钟，近年来村民普遍使用摩托车以后，更加缩短了交通时间。这一合理设置的耕作半径不仅利于村民组织生产，也有效提高了劳动生产率。

二　农闲创收

改革开放以来，村民通过外出务工、从事手工业、开办加工作坊等，提高经济收入。在一个世代固守于同一片土地的血缘村落里，不同于整房人口有组织有目的地迁徙，村民单枪匹马走天涯外出务工，难以割舍的血亲、姻亲等牵绊，太多太重，故土难离更难以远离。正因此，在凤山楼村，只有少数未婚男女青年，才选择到深圳、广州、清远等地务工，出省务工人员极少。夫妇俩为了照顾父母和子女，一般选择在汕头、潮安、澄海等饶平周边一带，乘车当天可以往返的距离之内工作。有部分夫妻把孩子带在身边，在工作地入学读书。现在，居住在凤山楼村的人口，以儿童、30~50岁的中青年、老年人为主，空巢家庭较少，留守儿童不多。

2000年前后，手工业在凤山楼村快速发展，中老年村民是主要从业者。进入21世纪，潮汕一带特别是澄海地区儿童玩具生产兴盛，远销海内外，发展势头强劲，企业众多。加工生产向周边地区辐射，产生专为澄海玩具企业做零配件加工和组装的下游生产链，这些生产链上的专业户拿到订单后，凤山楼村民向其承接部分回村加工。村民忙完农活，既可以在家中边看电视边制作，也可以三五成群聊聊家常做做手工，还有村民在家中开办手工作坊，辅以一定的生产设备，进行批量加工。有些老年人擅长"做大钱"，就是手工制作冥币，也称为纸钱。厂家会把生产好的材料送到加工户手中，村民在家中只需一桌一椅一瓶糨糊，或折叠或粘贴成元宝、祭品等各种形状，就完成了最后一道制作工序，因为手工质量好，部分产品销往港澳地区（见图6-11、图6-12）。

图 6 – 11　加工塑料玩具配件

图 6 – 12　做大钱

凤山楼村 30～50 岁的中年人，农闲时不休闲。部分人在联饶镇其他村落承揽农活，具有泥瓦工、电工等专业技能的村民，就在周边黄冈镇、新圩镇、钱东镇等镇村参加基建工程，铺设电缆、建造房屋、修建道路等等，忙得不亦乐乎。不论出村务农活还是干基建，都属于短期零工性质。受雇于农业专业户或建筑公司的村民，早晚在村口乘坐班车"上下班"，早出晚归，按日计工。2018 年，凤山楼村从事这两方面工作的人员，占全村总人口的 50%，人均日工资 100～150 元不等，收入可观。

凤山楼村还在村落东部边缘，专门划出综合性生产区，即作坊区建设地段，从南至北分别布置有碾米场、生猪屠宰场、不锈钢门窗加工厂、养猪场、食品加工厂和塑料袋加工厂等。这样的布局方式，一方面使作坊区集中成片且相对独立，同生活区拉开一定距离，最大限度地降低噪音、粉尘、污水等的影响，为村民生活保持良好的卫生和安全环境；另一方面，若干生产性能不同的加工场所，均沿村落东边村道纵向展开布局，运输原材料和产成品的车辆能够共用交通，只需沿着这条村道即可快捷到达村口，与出入村落的主干道相连接。将碾米场、生猪屠宰场和养猪场这些在生产中有协作关系的加工场相邻布置，养猪场可以利用碾米场的副产品米糠作为猪饲料，生猪出栏时又可就近送入屠宰场，还能够共同解决水源问题，三方在这种经济高效的功能配置中均可获益，有效降低生产成本。

第四节　房屋建筑

凤山楼是沈氏单姓血缘村落发展至成熟期的象征与标志，是极富粤东闽西地域特色的典型民居建筑。在凤山楼村和凤山楼沈氏祖居地沈屋村、科下村，以及同为从科下村迁出，东距凤山楼村 2.5 千米的联饶镇赤坑村，这 4 座一脉相承的沈氏单姓血缘村落中，均营造有聚族而居的大型民居建筑，同时具备居住、祭祖、祀神等多种功能，形成各个村落最为壮观的建筑物和最引人瞩目的建筑文化景观。大型家族性集体建筑的营建，强化了血缘观念和家族意识，反过来，又不断地肯定和延续着聚族而居的生活方式。在凤山楼村，还形成了一种大型家族集体性建筑，其形式表现为民居一间间相连、整齐划一、线性分布。村落和血缘高度契合，相互重叠所形成的村落形态，反映了家族血缘观念在村落营建形式上的重要作用。

一　围成一个家

黄冈河调查显示，散布在饶平县众多村落中的大型民居建筑自北向南均有分布，自明代至新中国持续建造，建筑数量多、形制多样。笔者听当地人称这些大型民居建筑为"围楼""土楼""围寨"等等，更加口语化的称呼是"楼""寨""围"，以及"唐宋称堡，元称寨，明清称楼"，可见民间的俗称多种多样。在饶平，"围""寨""楼"是互为通用的，学术界也存在着"围楼""土楼"等不同命名方式。明万历元年（1573）罗青霄修纂的《漳州府志·兵防志》中载："漳州土堡，旧时尚少，惟巡检司及人烟辏集去处，设有土城。嘉靖四十以来，各处盗贼生发，民间团筑土围、土楼日众，沿海地方尤多。"① 另载："龙溪县土城二，土楼十八，土围六，土寨一"，足见"堡""寨""围""楼"均是具有自卫防守性质的建筑，其中"堡""寨"更加具有军事防御建筑的特征，"围""楼"则带有民间防御建筑的特点，能够防野兽、防盗贼、防械斗等等。地处闽粤两省的科下村、沈屋村、赤坑村、凤山楼村等沈氏血缘村落，都有围祠

---

① （明）罗青霄修纂《漳州府志·兵防志》，厦门大学出版社，2010，第248页。

堂而建的大型民居建筑，且无一例外均以祠堂为中心营建，令人叹为观止。

广东饶平县沈屋村沈屋围。沈屋村村东原有一座沈屋围，建造年代不详，村民称为"寨上"。这是一座以黄土夯筑而成的弧形建筑物，在寨上前方中心点位置，还曾建有属于各房派的小祠堂。1971年，沈屋村沈氏按照村东寨上的形制、房间数等，在村西沈氏宗祠以北，又建造了一座沈屋围（见图6-13）。沈氏宗祠泳锡堂周边，原来只有一口水井和一方风水塘，沈屋围建成以后形成了沈屋围环抱沈氏宗祠的格局，这一空间布局与村东沈屋围环抱房派祠堂的布局相同。沈屋村沈氏1971年整体搬迁到村西新围居住后，村东沈屋围以及房派祠堂陆续坍塌。

图6-13　沈屋村村西沈屋围

福建诏安县科下村大楼。雪涧公次子覆云公一支从饶平沈屋村迁往福建诏安，覆云公长子寿山公后裔在诏安县科下村分出大房和二房，并在村内形成"上学"和"下学"两大居住片区。两房分别建造多座属于房派的围楼，楼内都建有供奉房派祖先的祠堂。科下村内，大大小小的围楼共计有12座，形制多姿多彩，有圆楼、方楼、畚箕楼等等。只有名为"大楼"的围楼属于全村共有，楼内建有 3 座祠堂，其中一座为专祀科下村沈氏先祖寿山公的沈氏祖祠，另有光裕堂和一间谁也说不上名字的祠堂。大楼面向西北方，形如畚箕状，组成畚箕状边缘的民居均为两层楼，在畚箕状的直边开设东西两扇大门供居民出入。大楼以黄土掺沙子辅以少量壳灰的三合土建造而成，建造年代不详，是科下村沈氏公认最早建成的围楼（见图 6-14）。

图 6-14 科下村大楼全景

广东饶平县赤坑村围寨。赤坑村沈氏与科下村沈氏、凤山楼沈氏同为覆云公后裔。沈屋村《沈氏宗谱》中记有赤坑村："次子覆云公派福建省诏安县科下、新营、太平、林塘、榕城（包括饶平赤坑、凤山楼），人口四万多人。"[1] 科下村《沈氏族谱》有"寿山公生五子，三宗政公赤坑房祖也"的记载[2]。此外，联饶镇政府向黄冈河调查队提供的地名普查资料，记录了赤坑村的基本情况："赤坑村于明崇祯三年左右建村，位于东北方严岭山脚下，后来下雨崩坑，故称赤坑。全村人口1505人，村落面积2.5平方公里。"赤坑村和凤山楼沈氏先祖几乎同时从科下村迁入饶平，两个村落东西相距2.5千米。赤坑村围寨建造年代不详，形制与科下村"大楼"相同，均为畚箕状，面向东南方，组成围楼畚箕状边缘的民居为两层楼（见图6-15）。

图6-15 赤坑村全景

① 《沈氏宗谱》，第11页。
② 《沈氏族谱》，第32页。

从开设在畚箕状直边的大门进入，沿中线依次建有平面为四合院式的沈氏祖祠和主祀武德侯祖神像的三合院式建筑各一座，两侧还建有多座民居，或为平房或为两层楼房。据赤坑村沈氏介绍，赤坑村的这座沈氏祖祠，凤山楼沈氏也有份。"有份"在饶平当地话中意指两个村落之间有着血缘上的联系（见图 6 – 16、图 6 – 17）。

图 6 – 16　赤坑村建于围寨内的沈氏祖祠

图 6 – 17　赤坑村围寨内建有大宅专门供奉武德侯祖神像

广东饶平凤山楼村凤山楼。凤山楼坐北朝南，以三合土夯筑，双环相套合围沈氏宗祠，再以弧形半包围外环。凤山楼沈氏称凤山楼为"围寨"，称内环为"寨内"、外环为"寨围"、弧形为"寨畔"。沈氏宗祠、寨内、寨围和寨畔均为单层，共同组成凤山楼（见图6-18）。凤山楼分两期建成，相隔约半个世纪，第一期建成沈氏宗祠、寨内和寨围，第二期建成寨畔。第一期完工后，凤山楼由寨内和寨围的民居聚拢成团，环绕沈氏宗祠，形成民居与祠堂组合而成的多功能建筑，不仅具备防御功能，更加反映出至高无上的"祖先"观念，即通过祠堂团聚族人，形成稳固的家族结构。经由沈氏宗祠这个中心向外发散扩展的民居里，世世代代生活着"祖先"繁衍的血脉，由宗祠向外开枝散叶，宗祠如同花蕊，民居好似花瓣。大约50年后进行的第二期扩建，只是在凤山楼以北增建了一座既有民居也有祠堂还有庙宇

图6-18　凤山楼全景

的弧形寨畔，其形制恰与沈屋村沈屋围相同。开敞型的寨畔虽然
不具备防御功能，但在空间上仍然形成环抱沈氏宗祠的格局，系
由沈氏宗祠向外进一步发散及延展。凤山楼的总体布局，凸显了
以宗祠为中心的礼制思维，凤山楼也因沈氏宗祠之所在，不论村
落形态如何演变，古往今来都是凤山楼村无可取代的礼制中心和
文化中心。实为单层建筑的凤山楼，却仍以"楼"命名，又俗
称"围寨"，从名称看，充满了强烈的防御意味。清代，凤山楼
沈氏全族就曾躲避于凤山楼自卫，成功避免了官兵正面攻击，化
险为夷，保全全族。

　　建造以祠堂为中心的大型民居建筑，需待创村始祖的后裔累
世聚居，且人口增殖达到一定规模，并具备优渥的经济条件之
时，它的建成是血缘村落步入成熟阶段的鲜明标志。《福建土
楼》专辟"圆楼的建造方法"一节，称圆楼是世界上最大的生
土建筑，著者根据田野调查，以图解的方式，把圆楼施工过程，
从开地基、打石脚、夯土造墙、立柱架梁、封瓦顶到最后的内外
装修做全面的剖视①（见图 6 - 19）。

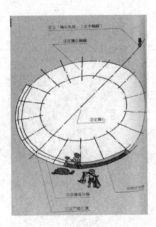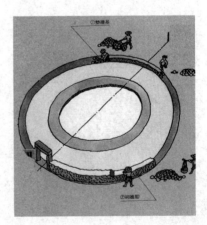

開地基　　　　　　　　　　　打石脚

---

　　① 黄汉民：《福建土楼》（上），汉声杂志社，1994，第 80～85 页。

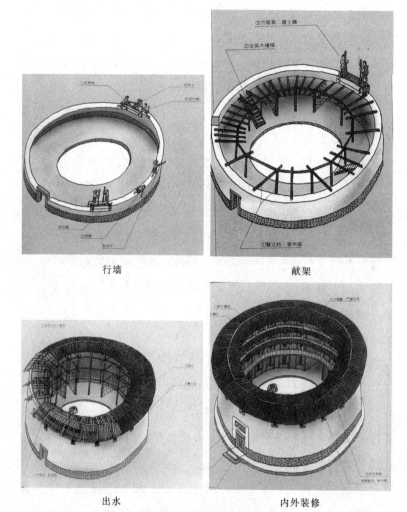

图 6 - 19　圆楼的建造方法

第一步开地基，主要工序是放线、挖槽。首先确定正门门槛的位置，随后用罗盘定出楼的中轴线，然后根据土地大小、财力、物力，以及所需房间的多少，定出层数和间数，算出半径。再从门槛中点出发，沿中轴线定出圆心。用绳子绕圆心画出内、外墙的位置，并且划分开间。再依基础，设计外墙宽度并画好基槽的灰线。

第二步打石脚，主要工序是垫墙基、砌墙脚。基槽深度根据当地土质情况而定。一般挖至老土，深二三尺到五六尺不等。基本上楼基与墙脚宽度相同，但是从下到上会有收分。楼基多用大块河卵石垒砌，空隙以小卵石填塞。墙脚也多用河卵石或毛石垒砌，内外两面用泥灰勾缝。墙脚高二三尺，有洪水的地方砌到最高洪水位以上。

第三步行墙，就是在墙脚上支模夯筑土墙。支好模板"墙节"后，先插入长竹筋，然后将拌好的黏土倒入墙节中，第一次倒满，夯实成墙节 1/3 的高度，再放入较短的竹筋，作为墙骨。如此分三次夯完一节。根据土墙厚度，一般需要 2～4 人同时夯筑。夯完脱模后，再将土墙内外两面修平、拍实，使之平整密实。

第四步献架，主要工序是立柱、架梁。每夯好一层高的土墙，便在墙上挖好搁置楼板或木梁的小槽，然后由木工竖木柱、架木梁。因为土楼的外墙很坚实，可以承载很大的重量，所以大梁的一端直接支撑在外墙上，另一端则由内圈的木柱支撑。柱子和柱子之间，架上横梁后，再架上搁置楼板的"龙骨"。每一开间并排数根"龙骨"，一端直接插入夯土外墙中，另一端则支撑在横梁上，并有部分出挑。铺上木楼板后，用竹钉固定。竹钉事先用热砂子炒过，干燥耐用。

第五步出水，大的土楼一般一年建一层，建好顶层再封瓦顶，称为"出水"。先架好木结构的梁架，一般运用"穿斗"和"抬梁"结合的形式。然后架檩条、钉望板，再铺上屋瓦，用砖压住以免被风吹走，屋顶部分就完工了。土楼的两面坡瓦顶内外出檐并不相等。内檐比较短，外檐则很长，可达二至四公尺，显然是为了防雨，以保护外围土墙。圆楼屋顶的外坡越往外周长越大，内坡越往内周长越小。所以采用特殊的"剪瓦"方式来处理。铺屋瓦时，大部分的瓦垄仍是照一般的铺法，维持标准距离。只在每一开间的外坡做一个"开叉"，将一条瓦垄开成两条，增加圆周周长。内坡则每一开间减一至二槽，减少圆周周长。如此，只要调整少数一两条瓦垄，将少数的板瓦稍做剪裁，就可以适应圆楼屋顶弧形变化的要求。

第六步内外装修，这个阶段要铺木楼板，装各间门窗，安走廊栏杆，铺地面，开外墙窗洞装木窗，制作卵石台基和大门的石阶，并且制作楼匾，还要装饰祖堂。

黄冈河调查显示，在饶平县域内，潮语区和客语区有着清晰的分界，其分界大抵在新丰镇中部一带。新丰镇沈屋村附近杨康村、滦东村、滦西村的村民，既会讲潮州话也会讲客家话，这里是饶平客家话和潮州话两种方言的交会地带。新丰镇中部以南地区讲潮州话，北部地区讲客家话。沈屋村沈氏在家中讲客家话，称自己是"客家人"，外出遇到潮州人，也可以用潮州话简单沟通。饶平县与福建省漳州市诏安县相邻，诏安县科下村沈氏既会讲闽南话又能讲潮州话和客家话，称自己是"客家人"，在家中讲客家话。同处闽粤交界地带的赤坑村和凤山楼村东西相距2.5千米，均属联饶镇辖村。这两个村的沈氏，只会讲潮州话，同称自己是"潮州人"，他们不会说也听不懂客家话和闽南话。沈屋村属粤东客家民系，凤山楼村、赤坑村属粤东福佬民系，科下村则属闽西客家民系，各自所使用的语言不同，风俗习惯也存在一定差别，这种种差异应是在历经迁徙、落地生根并与定居地强势文化交流和互动的漫长过程中逐渐形成的。

沈氏4座血缘村落中各种形制的大型民居建筑渐次营造，其生成同样经历了漫长的岁月。无论建筑形制为圆形、方形还是畚箕形、弧形，总体可以分为封闭和开敞两种类型。封闭型如圆形、方形、畚箕形等，可以满足自卫防守的需要，但开敞型如弧形，建筑没有围合起来，并不具备防御功能。不具备防御功能的沈屋村沈屋围应当是最早建成者，此后历经战乱，饱受清初迁界展界的动荡，直到饶平地域相对趋于稳定时，于清乾隆年间建造的凤山楼仍旧采用了圆形围合的构造，不能不说是对不可预知未来的深谋远虑。赤坑村畲箕楼建造年代不详，但和凤山楼应都晚于科下村大楼建造，更晚于沈屋村村东的沈屋围。而组成凤山楼的环形和弧形两种形制，以及赤坑村畲箕楼，均可以在沈屋村和科下村觅得踪影。笔者倾向于将这4座村落中以祠堂为中心营造的各种形制的大型民居建筑，统称为"大型家族性集体建筑"。自卫防守是建造大型家族性集体建筑对于外部环境的适应性选择，凝聚团结则是建造大型家族性集体建筑对于自身发展的现实性需求，自保全族是基本目的，团结族人是根本动因。单就凤山楼寨畔而言，民居、祠堂、庙宇同期建成，本身就是一座大型家族性集体建筑。凤山楼村1813年左右建成的寨畔，并不是4座沈氏血缘村落中最晚出现的大型家族性集体建筑，在它建成150多年后，沈屋村于1971年再建弧形沈屋围。从时间上看，沈氏血缘村落中的大型家族性集体建筑，直到新中国成立后仍在兴建，聚族而居的传统和根深蒂固的家族血缘观念是促成其经久不衰的根本原因。

二 亲密无间的屋

在1971年沈屋村沈氏建造大型家族性集体建筑沈屋围的同时，凤山楼沈氏相继开始了大宫脚居住区和后头居住区的建设。两片新居住区内的民居分布，在形态上与凤山楼迥异，但与1833年以来，在凤山楼以东渐次兴建所形成的南部居住区内民居建筑组合形态接近，均为民居一间间相连建造，线形分布，但在排列上更为整齐划一。调查得知，凤山楼村除凤山楼以及各座三合院、四合院民居，庙宇等由专业队伍建造外，村内土木结构、砖木结构的纵长方形民居均由沈氏自建。屋主请村里的建房能手主持施工，遵照代代相传的传统方法选材、施工、谢土和安灶，大家"亲帮亲，邻帮邻"，合力把房子建了起来。

　　后头一巷早期建造的纵长方形民居采用三合土夯筑墙身，平整后头山坡时砍伐的树木和开挖的泥土，正是建房所需的建筑材料。三合土中添加的贝灰，在4公里外的桥头村就能够买到，时价100斤1.5元，再到村南星光村买上适量的河沙，就可以夯筑土墙，这种墙体被称作"厝斗"。新房中灶台搭建的位置十分讲究，一定要请风水先生确定灶台方位，屋主不能草率和任意安置。建造一间纵长方形民居，需要七八个人手耗时5个月左右。新房落成，屋主还要请风水先生主持"谢土"仪式，之后开炉烹饪菜肴，宴请亲朋以示庆祝，称为"安灶"，代表着一家人正式搬入新房居住。

　　凤山楼村为数众多的纵长方形民居，采取户户相连、成排建造的方式，不仅最大限度地集约土地资源，而且共用墙体的费用由两户均摊，降低建房成本（见图6-20）。从形态看，以后头巷为代表的联排民居，是弧形寨畔向线形排屋的成功转型，这一变化蕴涵着凤山楼沈氏聚族而居的生活模式中，古已有之的家族伦理与亲和力。体现在民居建筑上就是采取密集的布置方式，民

图6-20　思成巷民居

居与民居间共用一堵墙体亲密紧靠，户户相连成排，最长一排竟达 120 米。如此大规模的规划设计能够不偏不倚实现，既是对于凤山楼营建思想的继承和发展，更得益于血缘观念和家族意识的强有力支撑。线形分布的民居不同于环形的寨内、寨围合围沈氏宗祠，弧形寨畔环抱沈氏宗祠的格局，这种脱离祠堂这一血缘标志性建筑而建造的民居，笔者称其为凤山楼村的"大型家族集体性建筑"。在饶平县域的诸多镇街，联排建屋是常见的房屋建造方式，这一做法更多是从节约土地资源的角度考量，与凤山楼村在营建思想上有着本质的不同。凤山楼村是一个守望相助的大家庭，家族观念和认同始终是凤山楼村团结、和谐发展的坚强支撑，也正因此，整个家族方有合力办大事的决心和意志。

第七章

祠堂墓葬与聚落形态

　　凤山楼沈氏家族由家庭、房派、公派、房族、家族五个层次构成，呈现金字塔形结构。位于金字塔顶部的是以沈氏宗祠为象征的沈氏家族。耀崑公养子成德堂公的第三代子孙，绝大部分迁出了凤山楼村，遂以长子洪畴公、三子宇象公繁衍成两大房族，称顶房和下房。两大房族内部又分出公派，顶房开立有顺德堂光裕公派、明德堂崑山公派、思成堂仰翰公派、裕德堂餚链公派等，下房开立佑启堂朝宾公派。公派以下由血缘关系更为接近的多个家庭集合成若干更小的房派，如朝宾公派分出文英、茂周、锦生三个房派。自茂周公以下又分出智信、智慧两个更小单元的房派。在凤山楼村，每一个家庭都归属于某一房派、公派、房族，同属凤山楼沈氏家族。

　　凤山楼村祠堂建筑蔚为大观，是沈氏血缘村落最重要的物质遗存之一，直观反映出家族血缘结构。凤山楼村共建有 13 座祠堂，其中 8 座祠堂已荒废，完整保存且仍在发挥作用的祠堂有 5 座。最先建成者为沈氏宗祠，始建于 1760 年前后，最晚营建的祠堂是沈氏祖祠，于民国末年动工兴建，1950 年初竣工。13 座祠堂相继建造，前后延续时间长达 190 余年，跨越清代、民国至新中国成立。观察祠堂的分布，最早建成的沈氏宗祠位于村落以西，最晚建成的沈氏祖祠位于村落以东，其余祠堂分布在东西之间。

毛泽东在分析中国社会的性质时指出："中国社会存在着三种有系统的权力的支配：一是由一国、一省、一县以至一乡的国家系统（政权）；二是由宗祠、支祠以至家长的家族系统（族权），三是由阎罗天子、城隍庙王以至土地菩萨的阴间系统以及由玉皇上帝以至各种神怪的神仙系统——总称之为鬼神系统（神权）。"① 在第四章"祠堂及分布"一节中，笔者将祠堂的空间布局划分为祠堂位于环形民居的中心，不与其他建筑相连；祠堂为独栋建筑；祠堂夹杂在民居之中三种情况，这种划分仅仅是较为总体和面上的样貌。这里，再结合第五章关于明清民国时期村落形态演变的研究，试对凤山楼村祠堂与民居、祠堂与墓葬的关系等，做进一步深入分析。

第一节　祠堂与民居

凤山楼村 13 座祠堂是沈氏血脉支分派衍的标志性建筑物。历史上，三大房分别在村中建有数量不等的祠堂，还有数量众多的民居。这些民居不但是人们的居住之所，也是家庭建设和发展的物质载体，在凤山楼村还可以视之为代表公派的基本单元。根据《凤山楼沈氏族谱乡志》世系表记载男丁数统计，佑启堂、思成堂、明德堂和顺德堂四个主要公派中，下房佑启堂公派繁衍最为兴旺，计有男丁 287 人；顶房思成堂公派和明德堂公派次之，各计有男丁 172 人和 156 人；顶房顺德堂公派计有男丁 107 人；顶房裕德堂公派五代单传，有男丁 10 人。笔者得到凤山楼村委会的支持，对全村 600 间民居逐一调查登记，掌握了各座民居房主、房派、建造年代等基本情况。调查显示，佑启堂公派拥有 248 间民居，思成堂公派拥有 129 间民居，明德堂公派拥有 126 间民居，顺德堂公派拥有 84 间民居，裕德堂公派拥有 9 间民居，

---

① 《毛泽东选集》（第一卷），人民出版社，1968，第 31 页。

成德堂公派拥有 4 间民居。公派男丁人数的多寡与其拥有的民居数量和分布成正比。男丁人数多的公派占有民居数量最多，分布最广，显示了较强的公派势力，反之亦然（见图 7 −1）。

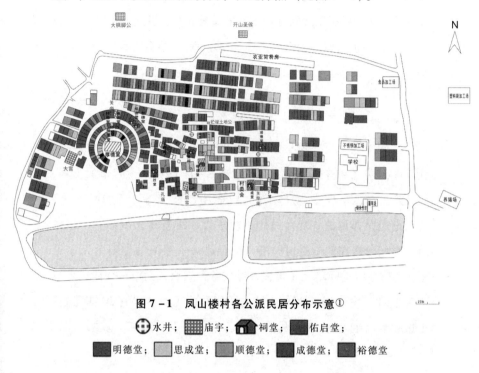

图 7 −1　凤山楼村各公派民居分布示意①

水井；庙宇；祠堂；佑启堂；

明德堂；思成堂；顺德堂；成德堂；裕德堂

　　民居的分布体现出各公派在村落空间中的分布情况，换言之，公派在村落的分布借由民居的分布予以呈现，反映出公派分布的特点。当然，这是一种理想的推断或者说是一种简单的认识，实际的情况是复杂的。1949 年以前，凤山楼沈氏建房主要有两种方式，一种是举全族之力共建凤山楼，另一种是公派在公地之上建造房屋。前一种方式用今天的话来讲，就是沈氏全族共建共享，后一种方式可以称为沈氏各公派自建自用。即便是在 1949 年以前形成的居住区内，其民居构成也并非一成不变保留至今。其后的

① 见彩页 1。

岁月中，多有村民在此区域内"插花式"建房，还出现了部分民居收归国有重新分配，村集体为五保户和知青在其中建造住房等情况。自1949年土地收归国有以来，凤山楼村实行统一规划民居建设用地，村民建房以抓阄方式确定宅基地位置的土地分配方式，打破了在公地建造房屋的传统做法。凡此种种，笔者将祠堂与民居分布关系考察的时间下限设定在民国末年，同时注重细致的甄别。

一 簇拥的凝聚感

已知在凤山楼外最早建造的民居位于围楼东侧，鹤山祖祠是沈氏在围楼之外首先建成的祠堂建筑，系下房在清代建造的支祠，属佑启堂公派。祠堂坐北朝南，门前场埕长16米，宽14.25米，场埕南边紧邻池塘。现在鹤山祖祠东边、西边和北边各有一组建筑，它们分布在鹤山祖祠周围，组合成一个紧密的空间单元（见图7-2）。将空间单元建筑按方位划分为三组，鹤山祖祠西边一组称为甲组，共有10座建筑；北边一组称为乙组，也有10座建筑；东边列为丙组，有22座建筑。甲乙丙三组总计有42座建筑，其

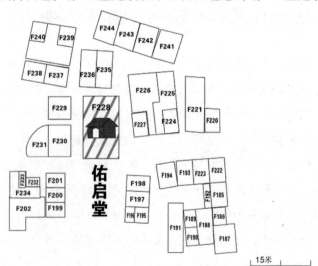

图7-2 鹤山祖祠周边建筑分布示意

中庙宇1座。这座孔庙虽然具有村落公共建筑物的性质，但实为佑启堂公派所建，因而将其列于表中一并考察（见表7-1）。

表7-1 鹤山祖祠周边民居分布

组别	序号	房屋编号	房主	公派	房屋	功能
甲组	1	F229	佑启堂集体	佑启		佑启堂厨房
	2	F230	沈贤	佑启		民居
	3	F231	镇华	佑启		民居
	4	F234	锦泉	佑启		民居
	5	F233	实力	思成		民居
	6	F232	实力	思成		民居

组别	序号	房屋编号	房主	公派	房屋	功能
甲组	7	F201	迪宜	佑启		民居
	8	F200	勉和	明德		民居
	9	F199	宏亮	佑启		民居
	10	F202	锦得	佑启		民居
乙组	11	F237	勉泉	思成		民居
	12	F238	再元	明德		民居

组别	序号	房屋编号	房主	公派	房屋	功能
乙组	13	F239	传荣	佑启		民居 （邻德轩）
	14	F240	锦荣	佑启		
	15	F236	克华	佑启		民居
	16	F235	沈贤	佑启		民居
	17	F244	宏亮	佑启		民居
	18	F243	反平	佑启		民居

组别	序号	房屋编号	房主	公派	房屋	功能
乙组	19	F242	松坤	佑启		民居
	20	F241	德平	佑启		民居
丙组	21	F226	见忠	思成		民居（及锋书屋）
	22	F225	贵川	思成		
	23	F227	燕弟	佑启		
	24	F224	文亮	佑启		

组别	序号	房屋编号	房主	公派	房屋	功能
	25	F221	文亮	佑启		民居
	26	F220	财恩	顺德		民居
	27	F198	华亮	佑启		民居
丙组	28	F197	灿烽	佑启		民居
	29	F196	佑启堂集体	佑启		厨房
	30	F195	佑启堂集体	佑启		庙宇

组别	序号	房屋编号	房主	公派	房屋	功能
	31	F194	如华	佑启		民居
	32	F193	平得	佑启		民居
丙组	33	F223	炎林	佑启		民居
	34	F222	良钦	佑启		民居
	35	F189	反平	佑启		民居

续表

组别	序号	房屋编号	房主	公派	房屋	功能
丙组	36	F185	惠阳	佑启		民居
	37	F191	发钦	佑启		民居
	38	F190	淑泉	佑启		民居
	39	F192	沈宗	佑启		民居
	40	F188	如明	佑启		民居
	41	F186	玉阳	佑启		民居

组别	序号	房屋编号	房主	公派	房屋	功能
丙组	42	F187	清河	佑启		民居

　　由表 7-1 可知，甲组 10 座建筑中，属于佑启堂公派的有 7座，其中 F229 为佑启堂厨房，俗称"伙食房"，是祠堂的配套设施。乙组 10 座建筑中，属于佑启堂公派的有 8 座。丙组 22 座建筑中，属于佑启堂公派的有 19 座，其中 F196 为佑启堂厨房，也是祠堂的配套设施。整个单元空间的 42 座建筑中，属于佑启堂公派的建筑共 34 座。对于单元空间中不属于佑启堂公派的 8座建筑，这里做一简要说明。甲组中 F233、F232 同属思成堂公派沈实力所有。沈实力是凤山楼村五保户，原有住房在凤山楼，即寨围 10 号 F37。房屋因年久失修倒塌，沈实力无力维修，失去了栖身之所。为解决他的住房困难，村委会在 2006 年出资2000 元，靠着 F234 的北墙建造了 F233、F232 两间房屋，提供给沈实力居住。甲组中的 F200 是沈反平先祖于清代所建，属佑启堂公派。土改时沈反平被划为地主成分，这座房屋被没收为集体所有，一度做过生产队的"队间"，用于堆放集体农具。1975年，明德堂公派沈勉和向村里买下了这座房屋。土改时，村里还将原属顶房思成堂公派沈忠烈所有的四合院民居"及锋书屋"收归集体，随后分给四户贫农居住，即表中丙组的 F224、F225、F226 和 F227。乙组中的 F237 为思成堂公派沈勉泉所有，F238为明德堂公派沈再元所有，两座房屋均建成于清代，房屋所有权此后未曾变动。通过对作为独栋建筑出现的鹤山祖祠周边单元空

间的分析发现，三组共 42 座建筑中有 34 座建筑属于佑启堂公派，占总数的 80.9%，这些建筑或为公派民居，或为公派祠堂配套设施，或为庙宇（见表 7 - 2）。作为沈氏在凤山楼外最早开拓的区域，佑启堂公派后裔在此处形成聚居之势，房屋密集分布，他们是这片区域最早的开拓和建设者。公派各种功能性建筑物分布在鹤山祖祠以北和东西两侧，簇拥着鹤山祖祠，使祖祠居于核心位置，这种空间布局营造出强烈的凝聚感。

表 7 - 2　鹤山祖祠周边建筑所属公派统计

公派	佑启堂	明德堂	思成堂	顺德堂
个数	34	2	5	1
百分比(%)	80.9	4.7	11.9	2.3

二　合围的主次感

再看祠堂位于环形民居中心，不与其他建筑相连的布局。凤山楼村以此方式布局的祠堂只有一座，即位于凤山楼内的沈氏宗祠。若要得出较为切实的结论，凤山楼的营建顺序以及内部房屋分配方式等应作为重要的考察视角。十分幸运的是，一辈子都住在寨内的沈炳友对于这两方面的情况了如指掌，提供了极为宝贵的历史信息。凤山楼最先营建的部分是沈氏宗祠，再以其为中心点建造寨内和寨围，形成双环同心圆相套的形式。凤山楼的建设规模，并不以满足现有村落人口需要为设计标准，而是充分考虑了未来人口增殖对于住房的需求。建成之初，寨内和寨围的房屋在首次分配后仍有富余。当时采取的房屋分配方式简便易行，就是以抓阄的结果确定各户的房屋位置。空置的房屋待到新家庭组建有住房需求时，再以同样的方式进行分配。沈氏宗祠是沈氏在后头山聚族而居 130 余年后建造的首座祠堂，供奉太始祖及始迁祖等历代先祖神位。宗指的是亲族之中奉一人为主，族指凡血统有关系之人①。在当时，沈氏三房子孙全部居住在凤山楼，尚未开立公派，这一民居环绕宗祠建造的方式，实则就是沈氏全体族人围绕共同的若干代先祖居住的形式。此后扩建寨畔，虽受制于地形而没有围合成环形，也同样是以沈氏宗祠为中心点建造，沿袭抓阄分配房屋的方式。凤山楼寨内、寨围和寨畔的房屋，两百余年来一直由屋主的后代继承使用，若是以后世形成的公派来对凤山楼房屋布局做细分，寨内、寨围和寨畔的房屋在分布上没有规律可循，这符合抓阄分房所形成的结果。

沈氏宗祠建造的位置，对于凤山楼沈氏而言具有特殊和重要的意义。这里曾是南涧公搭寨栖身之处，沈氏视之为凤山楼村发源地，这一观念世代相承，根深蒂固。在此处建造宗祠，正是体现了沈氏对于南涧公的纪念之意和敬仰之情。在粤东闽西一带，圆形围楼普遍为二层楼或三层楼，甚至高达四层，与之相比，凤山楼仅仅建造了一层，算不上高大。但是沈氏宗祠满满当当占据了本为中心庭院的全部空间，这一与楼内住房极不协调的尺度，又将凤山楼充盈饱满，整座围楼显得厚重深沉，气度不凡。沈氏宗祠与寨内寨围先后兴建，宗祠高广轩昂，住房低矮阴暗，两者的差别之大，足见沈氏宗祠投入巨大，位置重要，地位显赫。在凤山楼，每一位南涧公后裔的住房都位于宗祠旁，分处于寨内、寨围、寨畔的住房与宗祠的距离基本等同，所有的房门朝向宗祠，一间一间相连环绕，形成向心合围的态势。凤山楼内沈氏宗祠和住宅的布局，体现了主次分明的关系；凤山楼内住房和住房的关系，体现了相互平等的关系。主次的分别和平等的观念通过凤山楼不同功能建筑在空间分布上所形成的相互关系得以淋漓尽致体现，使祖先与后人，后裔与后裔之间各得其所，合情合理。

---

① 吕思勉：《中国制度史》，上海教育出版社，1985，第 371 页。

三　并列的平等感

还有第三种形式，即祠堂夹杂在民居之中的形式，对此也十分有必要做进一步的分析。这种形式的祠堂在凤山楼和凤山楼外均有建造，共计 8 座，均为祭祀三代以内祖先的祠堂，统称为"公厅"。凤山楼寨内建有贻厥孙谋裕德堂，寨围建有维贤祖祠怀德堂、智慧祖祠崇德堂，寨畔建有新营祖祠成德堂、居先公祠世德堂。凤山楼外，自西向东建有瑞德堂、顺德堂和一座早已废弃的公厅。智慧祖祠崇德堂原为下房佑启堂公派十三世祖智慧公的祖屋，智慧公曾在潮州为官，他不仅是朝宾公派子孙十分敬重的祖先，也受到凤山楼沈氏全族的尊崇。智慧公的事迹记载于《凤山楼沈氏族谱乡志·沈氏历代宗贤》中，全文转录如下：

> 沈智慧：凤山楼村人。茂周公之长子，清代在广东省潮州府任文职官，为人正直，为官清廉，平易近人，处事出于公心。潮州府为表彰公之功德，清代赠给公"齿德兼优"匾一块。公是清官又是凤山楼乡团结和睦的典范。由于过去受旧思想观念的影响，乡里有少数人闹房界纠纷。公最早主张乡亲大团结，全乡一家人，提倡破除房界观念，千枝一本，万派同根。公十分关心全乡少年儿童成长，每次回家休息时给少年儿童讲些做人的道理。全乡少年儿童十分崇敬这位德高望重的长辈。公每次回家休息时，儿童们都是提前在村路边等候公的到来。有一次，一位儿童对其他在等候的儿童说："公是我们下房阿公，不是你们阿公。"公听后立即找这位儿童的父亲，公说："要教育好子女不要分房界，我要做全凤山楼乡的阿公。"公是乡亲们团结长辈又是待人处事的楷

模，公之德行一直相传至今，令人钦佩。①

智慧公去世后，由他的后人将其生前位于凤山楼寨围的房屋改造为公厅，命名为"智慧祖祠"，专为祭祀智慧公。现在，已经无从知道智慧祖祠改造的过程，但凤山楼村仍然沿袭着在祖屋为亡故的屋主举办"过桥"仪式的风俗，还有公厅内墙体残留的改造痕迹等（见第四章第二节中"公厅"部分），都为复原祖屋改造为公厅，提供了参考和启发。在屋主去世第二年的农历六月初六晚，其子孙要回到祖屋举办"过桥"仪式。据说只有经过这个仪式，死者才能顺利渡过黄河回到老家②。2013 年 7 月 13 日晚，沈镇清和他的兄妹们，在位于寨围 6 号的祖屋内，为 2012 年去世的母亲举办"过桥"仪式（见图 7 - 3）。老人家生前用过的家什大部分已经处理，屋内显得十分空荡，一条木质长

图 7 - 3　2013 年 7 月 13 日，沈镇清等在祖屋为
去世的母亲举行"过桥"仪式

① 《凤山楼沈氏族谱乡志》，第 22 页。
② 联饶镇沈屋村沈氏也保留"过桥"习俗。

板凳摆放在屋内正中。长凳之上七块粿首尾相接，组成"桥"，占据整条板凳的大部分。每块粿分别由三部分组成，下层为一个杯口大小的扁圆形粿，其上是瓦片形状的粿，最上面是一个小圆粿，插着一根点燃的香告。"桥"头是一个圆溜溜的大西瓜，其旁边的塑料板凳上摆放整只熟鸡，这两样是送给"桥头官"的"礼"，由死者的女儿负责制备。搭建好"桥"后，子女分别焚香叩首祈祷，助力祖先从每一块粿上走过，并重重地踩下去，唯有这样方能成功渡过汹涌的黄河，顺利返回老家。"桥"旁有一只用红绳绑着的大公鸡来回踱步，作为长子的沈镇清在仪式结束后，要把它带回家精心饲养三年，在当年母亲的忌日将这只公鸡宰杀煮熟，作为贡品祭祀母亲（见图7-4）。"桥"旁的圆桌上摆满子孙带来的香告、猪肉、水果、糕点等。"过桥"仪式大约持续半个小时，参加者只限于逝者三代以内的亲属。仪式结束，沈镇清和他的兄妹们作别各自回家，这间位于寨围的祖屋很可能不再有人居住。坐落在凤山楼寨围的智慧祖祠，在清代很有可能经历了智慧公居住、离世举办过桥、改建公厅的过程，房屋由居住功能改变为祭祀功能。

图7-4　"过桥"仪式中的"桥"

　　凤山楼村现存的 7 座公厅均位于相连建造的民居之列，其中 5 座荒废破落，不再具备祭祀祖先的基本功能，瑞德堂早已改做民居，顺德堂于 2017 年进行了修缮，成为唯一恢复祭祖功能的公厅。8 座公厅可能的建造方式有三种，第一种方式，寨内和寨围的 3 座公厅原为住房，房主离世后房屋空置，后人将此改建为公厅以祭祀屋主。第二种方式，建于寨畔的新营祖祠成德堂和居先公祠世德堂，与寨畔房屋、庙宇等同期建成，较之寨内和寨围的 3 座公厅，建筑面积明显增大。第三种方式，凤山楼外三座公厅中的顺德堂，清代在公地建成时为独栋建筑，现在与它左右相连的民居，建造时间均晚于顺德堂。只有瑞德堂建造过程不明，建造时间不详，至迟在民国，瑞德堂左右就已经相邻建有民居了。无论由民居改建而成，或是与民居同期建造，还是先单独建造后与民居相连，这种公厅夹杂在民居之中所形成的布局，呈现公厅与民居同排并列、不分主次的面貌。

　　上述是将祠堂的空间布局与其周边民居分布联系起来分析，综合归纳为三种基本关系结构，即：

　　民居－合围－宗祠——主次感，祠堂独立居中，民居以其为圆点环绕而建，体现出强烈的向心性和主次之别。

　　民居－簇拥－支祠——凝聚感，祠堂为独栋建筑，公派民居及各种功能性建筑物聚拢在其周边，形成较强的凝聚感。

　　民居－并列－公厅——平等感，祠堂处于联排民居之中，民居和公厅功能上互为转换，展现出平等的观念。

　　合围的结构是一种孤例，它反映了一族一楼一祠一村的实质，即南涧公一脉传承的沈氏家族，共同居住在凤山楼，在宗祠祭祀共同先祖，这时的血缘家族内部结构尚比较单一。簇拥的结构体现由家族血缘关系裂变成若干个公派以后的家族分支及居住分布，血缘关系趋于复杂。并列的结构说明建造公厅时该支血脉的人口规模和经济实力较为薄弱，尚无力建造大型独栋祠堂，间接反映出祠堂主祀者后世的枯荣。

第二节 祠堂与墓葬

凤山楼村的 13 座祠堂分属洪畴公、成德堂公、宇象公三大房，同为南涧公一脉繁衍，构建了以血缘为标识的祠堂系统，是凤山楼村作为单姓血缘村落的象征性建筑物。村内各座祠堂都曾经设置神龛陈列祖先牌位，"文化大革命"期间全部被拆除烧毁，现今用书写在红纸上的祖先名讳和辈序代替，表明世系源流。不言而喻，凡在祠堂立有牌位的先祖，就应当有为其建造的墓葬。祠堂是祖先灵魂安息之处，建造在凤山楼村居住区以内，营建了今人与先人相生相伴的精神空间。墓葬被视为安放祖宗体魄之所[①]，建造在居住区以外甚或远离凤山楼村的其他区域，营建了今人与先人敬而远之的精神空间。各座祠堂及所陈列的牌位，分别与祖先墓葬及墓碑两相对应，共同构成了凤山楼村的祭祀空间。

一 祖先墓葬

《凤山楼沈氏族谱乡志》在《祖坟》部分中，记载了七世祖至十三世祖众位祖先墓葬情况，整理列述如下。

七世祖：邱氏妈墓，位于饶平县联饶镇林厝寮村西侧，俗名蜻蜓点水。

八世祖：耀崑公墓，位于凤山楼村，俗名缶灶埔。

八世祖：张氏妈墓，位于凤山楼村，俗名葵林铺。

八世祖：陈氏妈墓，位于福建省漳州市诏安县坪路村前山。

---

① 冯尔康：《清代宗族祖坟述略》，《安徽史学》2009 年第 1 期。

　　九世祖：洪畴公墓，位于凤山楼村多年山，俗名赤北坑。

　　九世祖：黄氏妈墓，位于凤山楼村猪沟山。

　　九世祖：成德堂公墓，位于凤山楼村前湖山。

　　十世祖：科选公妈墓，位于凤山楼村大岭山。

　　十世祖：裕德堂餚链公墓，位于凤山楼村前湖山。

　　十世祖：墩朴公妈墓，位于凤山楼村前湖山。

　　十一世祖：惟贤公墓，位于凤山楼村葵林山。

　　十一世祖：佑启堂朝宾公墓，位于饶平县新圩镇南山村。

　　十一世祖：鹤山妈墓，位于饶平县新圩镇鹤山。

　　十二世祖：顺德堂光裕公墓，位于凤山楼村大枫脚山后，俗名大沟顶。

　　十二世祖：顺德堂光裕公妈墓，位于凤山楼村多年山。

　　十二世祖：道立公墓，位于凤山楼村岭园。

　　十二世祖：佑启堂茂周公妈墓，位于饶平县联饶镇东山仔村前山。

　　十三世祖：明德堂崑山公妈墓，位于凤山楼村下东头行。

　　十三世祖：思成堂仰翰公墓，位于饶平县联饶镇林厝寮村。

　　十三世祖：智慧公妈墓，位于凤山楼村岭园。

　　记载于族谱的这20座墓葬，在族谱成书的2009年，还有族人定期前往祭扫。当笔者于2018年夏再度前往调查时，个别墓葬已埋没于山野，难以找寻。笔者对其中的9座墓葬进行了实地踏查，并前往联饶镇林厝寮村、福建诏安县科下村等地，调查了族谱中未做详细记录的5座凤山楼沈氏祖先墓葬。14座墓葬的田野调查由沈其亲、沈锦龙、沈瑞发和沈少明分别做向导，分三次完成。

　　经由沈其亲带领并指认的墓葬共3座，分别是五世祖崇海沈公墓、七世祖丘氏妈墓、八世祖陈氏妈墓。

　　五世祖崇海沈公墓。位于福建省漳州市诏安县科下村，北纬：

23°53′53″，东经：117°0′24″。族谱载："崇海沈公娶二位夫人，姎王氏妈，姎朱氏妈。公卒后葬于科下村山下，坟为黄蜂采花。二位妈坟未详。"① 凤山楼沈氏已经许多年没有来科下村祭扫五世祖崇海沈公墓，沈其亲对墓葬地点的记忆有些模糊，入村一路打听并在科下村村民的指引下，终于在一块菜地里找到了崇海沈公墓。墓冢完全被荒草覆盖，在菜地中高高隆起，周边种满了蔬菜。墓葬靠近村道，封土堆前没有墓碑，未建造墓壁（见图7-5）。

图7-5　五世祖崇海沈公墓

七世祖丘氏妈墓。位于饶平县联饶镇林厝寮村西部果园中，地处林厝寮村与凤山楼村交界处，北纬：23°44′25″，东经：117°0′39″。族谱载："南涧沈公，姎邱氏妈，为凤山楼创乡始祖。公坟地未详，妈坟地在林厝寮村西侧（蜻蜓点水）。"② 墓葬靠近公路，相邻之地未见其他墓葬，果园遍植龙眼树。墓碑上款："甲子年花月重修"，中为："明沈母丘氏之墓"，下款："二大房子孙永祀"（见图7-6）。

① 《凤山楼沈氏族谱乡志》，第11页。
② 《凤山楼沈氏族谱乡志》，第11页。

图 7 - 6　七世祖丘氏妈墓

　　八世祖陈氏妈墓。位于福建省漳州市诏安县坪路村前山，北纬：
23°48′40″，东经：117°2′2″。族谱载："耀莨沈公，妣张氏妈、妣陈氏
妈（未过门卒）。公坟地在本村惠灶埔，张氏妈坟地在葵林埔樟脚。
陈氏妈坟地在诏安县坪路村。"① 墓葬处在坪路村山间林地之中，踏
查途中见有多座他姓墓葬。八世祖陈氏妈墓封土前没有建造墓壁，
未立墓碑，墓冢之上荒草萋萋。凤山楼沈氏在谷雨至清明期间，择
吉日统一组织前往祭拜，一年一度，相沿不辍（见图 7 –7）。

图 7 – 7　八世祖陈氏妈墓

① 《凤山楼沈氏族谱乡志》，第 11 页。

沈锦龙带领笔者调查了 8 座墓葬，分别是八世祖张氏妈墓、九世祖洪畴公墓、九世祖黄氏妈墓、十二世祖光裕公妈墓、十二世祖光裕公墓、十三世祖崑山公妈墓、十四世祖会一公妈墓、十四世祖会壹公妈墓。

八世祖张氏妈墓。位于凤山楼村葵林铺的一处小山冈上，地名俗称樟脚，北纬：23°44′55″，东经：116°59′59″。封土堆前没有墓碑，坟被枯枝所遮盖，应为最近一次扫墓留下的痕迹。墓葬前的山体已经被削齐，墓前位置窄小，山体之下已经开辟为水田（见图 7 -8）。

图 7 -8　八世祖张氏妈墓

九世祖洪畴公墓。位于凤山楼村多年山，在赤北坑顶，北纬：23°45′6″，东经：117°0′18″。族谱载："洪畴沈公，姒黄氏妈。洪畴公坟在多年山，妈坟在猪高山（称高祖）。"① 洪畴公墓完全看不出墓葬外形，也没有立碑。墓前土地下陷 80 厘米至 1 米，状如漏斗，略呈椭圆形，直径约 2 米，进深约 1.5 米。沈锦龙介绍说，顶房曾经多次组织人力，对坑内回填泥土使之和地面齐平，但是一场大雨过后，回填的泥土就被冲刷殆尽，墓前又再次下陷（见图7 -9）。

---

① 《凤山楼沈氏族谱乡志》，第 11 页。

图 7 - 9　九世祖洪畴公墓

　　九世祖黄氏妈墓。位于凤山楼村猪沟山，北纬：23°44′48″，
东经：117°0′10″。墓碑刻有"清妣沈母黄氏墓"，似曾刻有上下
款，漫漶难以辨识。封土堆前呈环形构筑，墓壁用砂灰修造，风
化损毁严重（见图 7 - 10）。

图 7 - 10　九世祖黄氏妈墓

　　十二世祖光裕公妈墓。位于凤山楼村多年山，北纬：23°44′
36″，东经：117°0′34″。族谱载："光裕沈公，妣淑宽江氏妈。光

裕公坟地在大沟顶，江氏妈坟地在多年山。"[1] 封土前没有建造墓壁，墓碑为新造。碑刻："清考光裕沈公妣淑宽江氏墓"，下款："五房子孙永祀"，未刻上款（见图 7-11）。

图 7-11 十二世祖光裕公妈墓

十二世祖光裕公墓。位于凤山楼村大枫脚山后俗称大沟顶的山坡之上，北纬：23°44′37″，东经：117°0′39″。是同处凤山楼村多年山的另一座光裕公墓。封土前以砂灰修造环形墓壁，大部分已经毁坏。墓碑与墓壁之间有明显的使用水泥镶嵌的痕迹，墓碑应为新碑，刻有"清考光裕沈公墓"（见图 7-12）。

十三世祖崑山公妈墓。位于凤山楼村下东头行，东距作坊区的养猪场约 100 米。族谱载，"崑

图 7-12 十二世祖光裕公墓

---

① 《凤山楼沈氏族谱乡志》，第 12 页。

山公，妣孺人翁氏妈，妣付孺人慈柔邱氏妈"①，但没有记载三位先祖的葬地。据沈锦龙介绍，崐山公妈墓葬原在联饶镇许厝寮村，1988年该村扩建，通知凤山楼村迁移墓葬。崐山公派后裔遂将崐山沈公妈墓迁回至凤山楼村凤山一带安葬，10多年前决议择新址重修崐山沈公妈墓。新墓位置由风水先生选定，以水泥修建墓壁，墓碑上款："丁丑年葭月重修"，中为："重修清考崐山沈公妣慈柔邱氏墓"，下款："三大房子孙永祀"（见图7－13）。

图7－13 十三世祖崐山公妈墓

十四世祖会一公妈墓。族谱有关会一公的记载极简："微（按：应为'徵'）仕郎会一沈公，妣太孺人恬修洪氏妈"②，没有说明墓葬情况。沈锦龙带领笔者找到了位于树林仔山的会一沈公妈墓，北纬：23°45′2″，东经：117°0′14″。墓葬保存完整，封土前以砂灰修建墓壁，墓碑上款："同治戊辰年桂月"，中为："皇清祖考徵仕郎会一沈公，妣太孺人恬修洪氏之墓"，下款："六大房子孙仝永祀"（见图7－14）。

---

① 《凤山楼沈氏族谱乡志》，第12页。
② 《凤山楼沈氏族谱乡志》，第13页。

图 7 - 14　十四世祖会一公妈墓

十四世祖会壹公妈墓。位于凤山楼村岭园，墓碑上款："咸丰六年仲秋立"，中为："皇清祖考修职郎会壹沈公，妣太孺人恬修洪氏之墓"，下款："六大房子孙永祀"（见图 7 - 15）。据沈锦龙介绍，十四世祖会一沈公在凤山楼村建有两座墓地。两座墓葬的碑文分别写作"一"和"壹"。关于两座十四世祖会一公墓以及两座十二世祖光裕公

图 7 - 15　位于凤山楼村岭园的十四世祖会壹公妈墓

墓所涉及的葬俗，将在后文论述。

在沈瑞发、沈少明带领下，笔者共同调查了 3 座墓葬，分别

是十一世朝宾沈公妣林氏墓、十二世祖佑启堂茂周公妈墓、十二
世祖佑启堂茂周公墓。

十一世朝宾沈公妣林氏墓。位于饶平县新圩镇,俗名鹤山
的一片山岗之上,北纬:23°45′56″,东经:116°55′44″。族谱
载,"朝宾沈公,妣林氏妈"①,没有记载墓地情况。墓葬长满
杂草,未立墓碑,只是用几块形状不一的石头垒成墓碑(见图
7-16)。

图 7-16 十一世朝宾沈公妣林氏墓

十二世祖佑启堂茂周公妈墓。族谱载,"十二世祖佑启堂茂
周公妈,在联饶镇东山仔村前山"②,北纬:23°45′29″,东经:
116°57′55″。墓葬于 1985 年重修,封土前以水泥修建墓壁,墓碑
上款:"乙丑年桂月重修",中为:"清考茂周沈公,妣沈母谢
氏",下款:"二大房子孙永祀"(见图 7-17)。

十二世祖佑启堂茂周公墓。位于凤山楼村葵林山,北纬:23°
44′40″,东经:117°0′23″。墓葬建有墓壁,未立墓碑。沈瑞发称此
墓葬为十二世茂周公墓,埋葬有茂周公骨殖(见图 7-18)。

---

① 《凤山楼沈氏族谱乡志》,第 12 页。
② 《凤山楼沈氏族谱乡志》,彩页第 21 页。

图 7-17　十二世祖佑启堂茂周公妈墓

图 7-18　十二世祖佑启堂茂周公墓

　　三次调查边界清晰，沈瑞发和沈少明属下房，所指认的林氏妈墓、茂周公妈墓等，均为下房祖先墓葬。沈锦龙属顶房，所指认的洪畴公墓、黄氏妈墓、光裕公妈墓、崴山公妈墓、会壹公妈墓等，均为顶房祖先墓葬，只有八世祖张氏妈墓为全族共同祭扫的墓葬。沈其亲以族中耆老身份所指认的五世祖崇海沈公墓、丘氏妈墓、陈氏妈墓等，均属于全族共同祭扫的祖先墓葬。虽然这13座墓葬分布在四面八方，但是各位墓主的神位皆分别供奉于凤山楼村祠堂之中。

二 祠祭与墓祭

祭扫之事兴废在人。2018 年笔者调查时，凤山楼沈氏二房成德堂公派人口继续减少，只有 1 户后裔生活在村里。位于寨畔的成德堂早已荒废，就连族谱中曾经记载，位于凤山楼村前湖山的十世祖墩朴公妈墓，也湮没于山野。在凤山楼村，全族性的墓祭活动仍持续进行，祭祀范围只限于七世祖丘氏妈墓、八世祖陈氏妈墓、八世祖张氏妈墓等 3 座祖先墓葬。位于诏安县科下村的五世祖崇海公墓，近年来村民不再组织祭扫。全族性祠祭与墓祭所需花费，来源于全村各户每年一缴的 50 元"房头钱"、大宫和天后宫等庙宇的香火钱以及村集体资助。这些经费以往由凤山楼村老人理事会负责收支与管理。2013 年首次调查时，各公派德高望重的长者组成的凤山楼村老人理事会，十分活跃，活动丰富。常日里，老人们看护着各自公派的祠堂，洒扫祠庙，挂灯敬香，收入支出皆出其手。遇有族内事务，成员共赴大宫，商议筹划游神巡境和武德侯祖诞辰、各位神佛诞、祠祭和墓祭，以及与外地沈氏宗亲理事会的联谊往来等等，十分忙碌。2017 年，凤山楼村老人理事会解散。

如今，全族性祠祭和墓祭由沈其亲临时约请几位老人共同主持，参加正月十五在沈氏宗祠祭拜祖先的人数，远远多于清明前后祭扫祖墓的人数。七世祖丘氏妈墓、八世祖陈氏妈墓、八世祖张氏妈墓的祭扫时间不固定，每年由风水先生选定吉日。七世祖丘氏妈葬地在凤山楼村与许厝寮村交界处，路途较近，祭扫一般安排在下午，为的是等待学校放学后组织学生全部参加。参加祭扫的孩子不仅能够分享到一种好吃的叫做"面鹿"的祭品，还能在仪式进程中听长辈讲述与家族历史和文化有关的故事，踏青祭扫缅怀先祖，其乐融融。凤山楼村由老中青三代人组成的祭扫队伍，一代代接力，正是对"子孙虽愚经书不可不读，祖宗虽远祭祀不可不诚"族训的传承。

凤山楼村全族性的祠祭一年一度，正月十五日上午在沈氏宗祠举办。仪式从锣鼓队的鼓点声中开始，由村中青少年组成的锣鼓队和仪仗队，敲响欢庆的锣鼓，抬举吉祥的平安旗，从村委会办公楼出发，沿着田墘一巷前往沈氏宗祠。听到锣鼓声响起，村妇们便提着装满供品的篮饭子，从家中往凤山楼汇集。沈氏宗祠内香烛高燃，福猪、美酒、圆粿等摆满供桌，供奉于祖先牌位前。村妇们将篮饭子整齐放置在供桌两侧，把潮州柑、各式糕点、香告等摆放在倒置的篮饭盖里，呈现出来以表心意，然后上前向祖先神位叩拜上香（见图 7 – 19）。族内耆老面向祖先神位肃穆站立，周围被供桌以及篮饭子占满，族人则退至靠墙的两侧或耆老身后站立，从两廊一直排到大门外，整个祠堂被男女老幼挤得水泄不通。锣鼓队的青少年面向天井排列于三面，吉时一到，锣鼓齐鸣。主持者按祭礼高声宣读仪程，并由耆老中的尊者向祖先神位依次供奉酒、米、茶等，而后带领在场裔孙共同行三叩九拜之礼（见图 7 –20），礼毕还要代表全族子孙诵读《祭文》：

图 7 – 19　祭祖仪式上各家准备的篮饭子

图 7－20　正月十五祭祖仪式

祭文

维，公元二〇一四年正月十五日，元宵佳节，普天同庆，锣鼓铿锵，爆竹声喧，在佳节来临之际，合乡裔孙人等，恭维合祠众位先祖公妈，为后代子孙汗创基业，功高德厚，深感欣慰也。为此，在佳节中，合乡裔孙以最诚敬之念，备办香烛、银锭、财帛之仪，香茗、美酒、福猪、圆粿、素蔗、粳饭之诚。致祭于汉太始祖考兵部尚书尊讳勋公，妣诰赠一品夫人林氏妈，暨合祠众位先祖公妈神位之座前。祭曰，合乡裔孙恭请众先祖公妈来临就座同鉴。合乡裔孙祈求福庇合乡平安，财丁兴旺，五谷丰登，六畜兴旺，万事如意。保佑村民外出车辆出入平安。伏维，尚飨。

《祭文》宣读完毕，锣鼓再度响起，族人再行叩拜，最后焚烧祭文与香告，仪程结束。

沈氏宗祠作为凤山楼村的众祠，供奉着太始祖及凤山楼村沈氏各世公妈神位，并且显著地列示出五世祖崇海公至十一世祖7代共34位祖公及公妈神位，十一世祖朝宾公及林氏妈在沈氏宗祠得享合族共祭。朝宾公及林氏妈的神位还被供奉在鹤山祖祠，神龛之上红纸黑字书写着："十一世祖考朝宾沈公妣帮助林氏，十二世祖考文英沈公妣□氏妈，十二世祖考茂周沈公妣谢氏妈，十二世祖考锦生沈公妣钟氏妈，暨合祠众先祖公妈之神位。"可见，下房佑启堂公派将十一世祖朝宾沈公奉为最尊，列为祠祭祖先首位。沈氏宗祠、鹤山祖祠以及其他各座仍在使用的祠堂，每天都有着老开门洒扫，按照习俗，沈氏后裔每月初一与十五，都会前往沈氏宗祠和所属公派祠堂敬香祭拜。尽管十一世祖林氏妈神位在沈氏宗祠和鹤山祖祠分别得享全族和公派子孙祭拜，但林氏妈位于新圩镇南山村的墓葬并不属于全族祭扫的祖先墓葬之列，为其扫墓者仅为佑启堂公派裔孙。他们把给林氏妈扫墓叫做"鹤山挂纸"或称"冬祭"，时间相对固定在每年农历十一月期间。"鹤山挂纸"所需经费以前采取在佑启堂公派文英、锦生、茂周三房，按户均摊的原则收取，后因房亲热情不一，募捐越来越难。近几年，每年有20余人代表三房祭扫，人数减少很多，所需开支也相应降低，理事会便取消了各户均摊的筹款方式，改为从鹤山祖祠理事会收入中支出。理事会收入主要来源于佑启堂公派后裔对鹤山祖祠的乐捐，以及公派里举办红白喜事，主人向鹤山祖祠的捐献。鹤山祖祠理事会负责"鹤山挂纸"组织实施、鹤山祖祠日常管理、祠堂经费收支管理等族中事务，孝亲敬祖，团结族亲，传统尚存。从2013年和2018年张贴在鹤山祖祠外的两份祭扫通知、2017年祖祠财务收付公布等，可见一斑。

敬告

鹤山挂纸

有先祖之厚德，才有子孙今日之蕃盛，并对祭祖的关切。经各房代表集中商议，定于农历十一月十八日。欢迎大家前往参加！

壬辰年十一月十四日[①]

又：

通知

各房亲大家好！

为纪念先祖，传承后人，鹤山祖墓年度祭祖于十一月十五已即将到来，请各位房亲提前安排好各自的工作，届时前往参加。有意参与者，请于十一月十五日上午8:30分前在祠堂前集中。（有车乘坐）谢谢您的配合！

鹤山祖祠理事会
二〇一七年十一月初九日[②]

2017 年祖祠财务收付公布

收入：

锦文添灯 320 元，凤文添灯 200 元。办喜事补祠堂，锦程 200 元，瑞武 180 元。办白事补祠堂，每人 200 元，财钦、成俊、如发、凤杰、传荣、伟森共 1200 元。补收正月十五游神（荣鑫）50 元。溪生补祠堂 1000 元。收户头款 114 户，每户 50 元，共计 5700 元。合计 8850 元。

承上年库存现金 15343 元，总计 24693 元。

---

① 记录于 2013 年 3 月 13 日。
② 记录于 2018 年 7 月 21 日。

付出：

理事会议事购烟 225 元。补南山阿浩喷草药 200 元。祠堂购碗 100 元，写对联 180 元，香糊 5 元，香烟 230 元。祭祖补俊伟车费 120 元。鹤山祭祖费用 1551 元。伙食房维修后沟 140 元。元宵节蒸发粿两块（面粉、白糖）90 元，元宵节游神祭品、香烟、生柑 1431 元。元宵节购猪头、肉方 310 元。锣鼓班红包 120 元。购香告烛 103 元。补和平管理祠堂 120 元，年节 180 元，红白事开祠堂 80 元。元宵节游神购烟花炮 3390 元。合计 8655 元。

二数相抵后，实库存现金 16038 元。

鹤山祖祠理事会

二〇一八年正月十七日①

鹤山祖祠内东西两侧墙壁上贴满了公布各种事务的告示，其中有三则告示与十一世祖朝宾公第四子茂周公有关，内容涉及祭扫茂周公墓和复建茂周公墓等。前文中分别考察了凤山楼村沈氏合族祭扫七世祖丘氏妈墓、八世祖陈氏妈墓、八世祖张氏妈墓等祖先墓葬的情况，以及下房佑启堂公派祭扫公派开基祖十一世祖鹤山妈墓的情况，祭扫茂周公墓告示的相关内容，则为掌握更下一级的房派，如何开展房派祖先墓葬祭扫提供了大量信息，全文转录如下：

茂周公东山祖扫墓通知

各房亲：

年年祭扫先人墓，处处犹存长者风。定于农历三月初三（古清明日）吉日，前往东山祖扫墓，后转葵林山茂周公，请各房亲热情参加！上午八点三十分钟祖祠面前集中，交通

---

① 记录于 2018 年 7 月 21 日。

工具自带，切切勿误。希各知照。

鹤山祖祠理事会

农历二月二十六宣①

又：

茂周公东山祖扫墓收支财务公布

付出类：

银纸白纸香告烛 104 元。炮饼干茶酒 77 元。油笔背心袋 9 元。芙蓉王香烟 3 条 675 元。王老吉饮料 2 件 80 元。深土面鹿 100 只 200 元。合计支出 1145 元。

收入类：

总计户收 98 户 1960 元。2017 年扫墓库存 550 元。2017年修复茂周公存 50 元。三条合计金额 2560 元。

结存现金 1415 元。

参加扫墓人数 20 人。参加结算 5 人：玉阳、应昌、发钦、金桃、瑞发。

2019 年东山祖扫墓定于农历三月初二，敬请各位房亲留意届时参加！

鹤山祖祠理事会

2018 年三月三日②

上录两则与祭扫茂周公墓相关的告示，内容丰富，清晰朴实，通俗易懂，信息量大。朝宾公衍出的四房子孙中，一房迁出，共有三房子孙生活在凤山楼村。文英公房现有 3 户，未建祠堂；三房锦生公房现有 17 户，墓祭时间在农历三月初三，未建祠堂；四

---

① 记录于 2018 年 7 月 21 日。

② 记录于 2018 年 7 月 21 日。

房茂周公房也称尾房，墓祭时间在农历三月初三前后。茂周公生有两子，再分出两房。长房智慧公，现有 70 多户，又分出庵内与蚝地两个更小的房派，智慧祖祠位于凤山楼寨内，智慧公葬在凤山楼村岭园，墓祭时间在农历三月十五。下房智信公，现有 20 多户。智信公葬在凤山楼村北边邻村黄岐山村，葬地名"水尾"，并以此地名将智信公祠堂命名为"水美祖祠"。智信公妈墓原位于饶平县新圩镇南山村，后裔为了方便祭扫，几年前将智信公妈墓迁到黄岐山村与智信公合葬。文英公、锦生公、茂周公墓祭所需费用由房派后裔按户认捐，无论能否参加，每户等额，俗称"房头钱"，各户所捐款项主要用于购买祭扫所需的各种用品，余款结存到下一年度使用。按照传统惯例，三房子孙各自祭扫本房派先祖，因茂周公后裔人数众多，委托鹤山祖祠理事会组织茂周公妈墓祭扫，以便统筹得当，账目明晰。虽由理事会代为组织举办，参与者也只限于茂周公后裔。祭扫祖墓所需费用来源的不同，是举办鹤山祖墓祭扫和茂周公、文英公、锦生公祖墓祭扫最大的不同之处。

三 独特葬俗

再有一则《复茂周公祖墓纪实》，反映了 20 世纪 70 年代凤山楼村墓葬的变迁、茂周公墓发现与复建等史实。

复茂周公祖墓纪实（简介版）

思佑者开基启者发祥，鹤山祖子孙满堂。念齿德兼优，今朝接力兰桂腾芳。

位于葵林山茂周公之祖墓，自七十年代初形势变迁，四十余载我房亲少人问津，承包者种上果树。经热心人多次实地勘察，后与乔峰达成协议，妨碍果树及土地一并征用及付还赔偿款。在众房亲大力支持，农历五月初八日吉日进行复土，茂周公墓前一切障碍物全面清理，工程进展顺利。茂周公墓还原于始（尚未立碑）。

房亲沈应钦无私奉献，我们代表众房亲表示深深谢意！

并将支持关心茂周公祖墓，修复出资各房亲列名在下方：四杰　继明　得泉　成俊　爱得　传顺　传荣　传发　锦荣　杰生　清其　伟森　燕弟　瑞进　瑞发　瑞文　瑞武　锦得　锦程　君炎　桂炎　良钦　云江　淑水　李燚　定宝　财良　财钦　宏亮　泽铭　森浩　镇钦　德宜　宝弟　梅坤　应昌　宝通　如顺　如雄　如武　如坤　俊宏　俊伟　荣鑫　财丁　桂荣　宜鑫　桂彬　龙武　武成　成发　惠幸　惠君　惠得　惠亮　雪鑫　华亮　赛水　玉阳　惠阳　俊鑫　俊华　炎州　炎林　锡明　锦泉　松钦　云平　文亮　耀冲　耀钦　亿亮　文通　文坚　文华　宝钦　平得　如良　如明　迪钦　云生　如华　如钦　木亮　糖亮　正亮　发钦　炎亮　喜亮　松坤　应添　应钦　淑安　淑泉　淑程　华雄　亿钦。

热心出资户每户100元，计9700元，累计户数97户。

付出类：

香烟二条矿泉水495元。钩机工钱2800元。红包一个20元。金兴付镇华果树1000元。赔偿乔峰果树七株3500元。补吴惜真桂味桂果1000元。饭盒中午生活200元。香告红纸条10元。四杰看日红包20元。付应钦山地红包380元。首次洽谈果树烟一条225元。

合计支出11条，玖仟陆佰伍拾元9650元。

相抵结存现金50元。

本次财务结算：玉阳　淑安　应昌　和平。

示版：沈瑞发

2017年农历五月十五日①

---

① 记录于2018年7月21日。

　　《复茂周公祖墓纪实》较为详细地记述了茂周公墓复建经过，但对于"七十年代初形势变迁"未及展开。凤山楼村东部有一片名为葵林山的山坡地，自古是凤山楼村的墓葬区，曾有历代祖先的墓葬。20世纪70年代初，为响应形势要求，村里提出把此地建成香蕉树林的目标，以期形成新的农村面貌。葵林山墓葬区在这一背景之下，被整体迁往凤山楼村北部前湖山一带，进行集中埋葬。迁葬和埋葬的方式都极为简单，各户只需负责与己身最近的两三代祖先墓葬的挖掘、骨殖装瓶，迁移安放等，公派负责共同的几代祖先墓葬的迁移，大队负责全族共同祖先墓葬的迁移（见图7-21）。前湖山的新墓没有昭穆与先后的分别，统

图7-21　葵林山集体迁葬后，大量墓碑被搬回居住区作为铺路石

一形制尺寸，一排排修造，整齐划一。装有骨殖的"灰金瓶"放入墓坑后，立即填土至与地面平齐，每座墓坑之上不立墓碑，仅插一个标有数字的标牌作为标记。这次大规模集中迁葬，原计划要将葵林山一带的墓葬全部迁移，因当时有两座刚刚安葬的新墓，谁也不敢造次，才得以保留。《复茂周公祖墓纪实》对于茂周公墓为何能够留在葵林山，语焉不详。在葵林山至今尚未重新

立碑的茂周公墓旁，沈瑞发讲述了大致的经过：茂周公的后裔都认为，茂周公葬地风水好，才有人丁兴旺的景象。为利于后人发展，迁葬时避人耳目将骨殖留在原地。现在位于联饶镇东山仔村前山的墓葬，墓碑显示是公妈合葬墓，实为十二世沈母谢氏墓，茂周公骨殖并未迁葬于此。

饶平地区，人们习惯于称"墓地"为"风水"，两个词可以互换使用，都是指墓葬的意思。葬地的确定方式只有一种，就是请风水先生卜葬，古今皆同。由风水先生卜葬以确定葬地，虽是饶平当地风俗，却也曾发生过激烈的纷争，最终演变为械斗。清末民初，余厝村、葛口村、胶墩村以及黄冈周边一些村落中，余姓村民倚仗人数众多是大姓，要收取一些小姓的"寮税"。他们称余姓祖先的风水在凤山楼村、深塗村、下饶村、洋东村、西山村、铜金井等几个村，便以"风水所在之地即是余姓土地"为由强行收税。这场官司前后打了18年，没有结果，最终演变为械斗，也称"会乡"。被收取"寮税"村庄的多个姓氏参与者众，双方云集在今联饶镇桥头村，进行了一场惊心动魄的激战，互有伤亡。人们对于风水的讲究，还表现在并不十分注重墓碑的修造。在实地踏查的凤山楼村13座祖先墓葬中，有5座墓葬未立墓碑。在凤山楼村沈氏看来，墓碑只是确认墓主身份的标志，只要代代坚持祭扫，断不会无从找寻。墓葬的位置远比墓碑重要，它关系墓主能否泽被后人，家族昌盛。沈其亲认为，正因为五世祖崇海公葬地不利于耀崑公一支，在科下村难以发展壮大，所以才从诏安迁走。凤山楼村沈氏下房佑启堂公派部分裔孙对于"风水"又有着自己的认识，他们认为祠堂供奉着祖先的神位，墓葬安放着祖先的骨殖，年年祭拜和祭扫，是作为后人尽孝道和感念祖德的一种方式，智慧公后裔是朝宾公派现在发展最为旺盛的一支，正是智慧公好家风对子孙的积极影响，他们认为好人格才是真正的好风水。

据沈瑞发介绍，智慧公妈原葬于潮州西湖边，西湖扩建时按照无主坟迁移，现在已无处找寻。位于凤山楼村岭园的十三世祖智慧公妈墓葬，墓碑上款："己巳年葭月重修"，中为："清考国学智慧沈公，妣孺人妙贤莊氏之墓"，下款："三大房子孙永祀"，实际上只有智慧公安葬于此。这种墓碑显示为合葬墓，但实为单独墓穴，或虽为双墓穴，但一实一空，这种葬俗在凤山楼村古今盛行。实地调查中，位于凤山楼村多年山有十二世祖光裕公妈墓一座，墓碑刻："清考光裕沈公妣淑宽江氏墓"，下款："五房子孙永祀"，未刻上款。位于凤山楼村大枫脚山后在俗称大沟顶的地方有十二世祖光裕公墓一座，墓碑刻"清考光裕沈公墓"。关于为什么凤山楼村有两座与光裕沈公有关的墓葬，沈锦龙称江氏妈先于光裕公去世，建造墓葬时设置了两个墓穴，立碑为夫妻合葬墓，即多年山处的十二世祖光裕公妈墓。光裕公去世后并未与江氏妈合葬，而是在大枫脚山再造墓地，即十二世祖光裕公墓，原多年山处的墓碑仍原样保留下来，后世维修时没有修改碑文。这种葬俗饶平一带称为"双究"，至今仍在沿用。夫妻双方中先离世的一方在安葬时，墓葬中设置两个墓穴，建成合葬墓，每年一度祭扫之时，在离世一方的碑文上方挂白纸，也称"方属"，在健在一方的碑文上方挂红纸。子女根据后去世一方生前意愿，将父母合葬一处或者再择墓地单独安葬。但不论合葬与否，原合葬墓的碑文将一直保留不变。

位于凤山楼村树林仔山有十四世祖会一公妈墓一座，墓碑上款："同治戊辰年桂月"，中为："皇清祖考徵仕郎会一沈公，妣太孺人恬修洪氏之墓"，下款："六大房子孙仝永祀"。位于凤山楼村岭园有十四世祖会壹公妈墓一座，墓碑上款："咸丰六年仲秋立"，中为："皇清祖考修职郎会壹沈公，妣太孺人恬修洪氏之墓"，下款："六大房子孙永祀"。两座墓葬墓碑显示同为十四世祖会一公夫妻合葬墓。从碑文透露的信息看，十四世祖会一公两座墓葬先后建造，相隔 12 年。位于凤山楼村岭园的墓葬建于"咸丰六年"即 1856 年，当时会壹沈公是"修职郎"，是一位正八品文官。位于凤山楼村树林仔山的墓葬建于"同治戊辰年"即 1868 年，那时会一沈公为"徵仕郎"，是一位从七品文官。从官阶晋升与墓葬建造时间分析，咸丰六年会壹公应健在，位于岭园的墓葬可能为其夫人恬修洪氏建造。同治戊辰年，会一公官阶已由 12 年前的正八品修职郎晋升为从七品徵仕郎，会一公离世时又在树林仔山建造了一座墓葬。这两座墓葬中是否有合葬墓，或者均为单独墓葬，尚不得而知，都存在着可能性。

厚德堂作为全族性的祠堂被命名为"沈氏宗祠"，其他公派祠堂均以"祖祠"命名，其中"鹤山祖祠"和"水美祖祠"以本祠堂祭祀的最早一位祖先的葬地之名命名，显示以葬地为尊，不忘祖先葬地之意。

凤山楼村沿用至今的"双究"葬俗、历史上曾经出现的政策性迁坟等，形成了三种墓葬格局。第一种墓葬格局，凤山楼沈氏历代祖先的墓葬，一部分位于凤山楼村，在空间布局上不按昭穆制。第二种墓葬格局，凤山楼沈氏历代祖先的墓葬，一部分散落在村外四面八方的山坡田野，如七世祖丘氏妈葬在邻村林厝寮，十一世祖林氏妈葬在新圩镇境内等。"南北山地多坟田，清明祭扫各东西。纸灰变成白蝴蝶，泪血泣成红杜鹃"是凤山楼村祭扫祖先墓葬的真实写照。第三种墓葬格局，有外姓墓葬建在凤山楼村的山野林间。

第八章

家族文化传统与聚落形态

沈氏聚族而居，营建祠堂，纂修族谱，祭祖敬神，兴办教育，可谓典型的宗族村落。实行土地改革后，取消"公地"开发制度，"公田"被重新分配给村民，族产不复存在，宗族共有经济消失。时至今日，凤山楼村仍旧是沈氏单姓血缘村落，沈氏一族继续着对这片土地的开发、建设和管理，保存和延续自身文化传统。这些文化传统以凤山楼村的物质遗存如祠堂、墓葬、庙宇、书屋等为载体，与物质遗存密不可分的祠祭、墓祭、游神等传统习俗相沿不废。将祠堂与宫庙作为学校，不但令其得到更好保存，发挥以礼制心、垂裕后昆的作用，也能够达到以文育人、以文化人的目的。礼制建筑的保存和文化习俗的传承，特别是近50年来村内通婚等，在很大程度上促使凤山楼村继续保持整体性强、对外封闭、内部紧密联结、以凤山楼为村落中心的团块状村落形态，延续血缘家族的完整和独立发展。

三百余年来，作为血缘村落发展基本单位的家庭，在日常生活中的许多方面既遵循古老和传统的礼法，如分家习俗、婚姻习俗、添丁习俗、丧葬习俗等，也跟随社会发展，同步做出适应时代变化的适当调整和转变。但传统仍在延续，它留存在凤山楼沈氏共同的行为方式之中，并在固化的物质载体中得以充分实现。

正是由于凤山楼村物质遗存和文化习俗保存完整、传承有序，因而完全可以从村落物质遗存分布和功能发挥的维度，探讨凤山楼村家族文化与聚落形态演变的前世今生。本书采用王沪宁关于村落家族文化的概念，即村落家族文化指的是农村以家族关系为基础构成的村落共同体的体制与文化的总和①。运用这个概念，既能够涵盖凤山楼村历史发展的各个时期，也能够更加全面地观察和反映古今凤山楼村文化的传承与流变。

第一节 婚姻家庭

新中国成立后，凤山楼沈氏通婚圈发生巨大改变，走向扩大与收缩的两极化发展。通婚圈史无前例扩大到国内多个省份，村内同姓通婚使"婚嫁不离村"成为普遍现象，沈氏不同房族、不同公派之间都可以通婚。不仅绝大多数男性一生未曾离开凤山楼村，甚至许多女性出生成长于此，又在村内嫁人生子直至终老。村内通婚使原本建立在血缘基础上的单姓村落，通过婚姻关系"亲上加亲"，血缘这条纽带被扭结得更加紧密，每一个人每一户家庭"你中有我我中有你"，难分彼此。小家庭都遵循添丁挂灯、舅舅主持分家、高度程式化的丧葬礼仪等传统，在中规中矩、和美和谐之中，延续着蓬勃且顽强的生命张力。

一 通婚圈的扩大和收缩

从禁止同姓通婚到村内同姓婚配成为主流，是新中国成立后凤山楼沈氏"婚嫁"上最显著的变化。1949 年以前，凤山楼沈

---

① 王沪宁：《中国的村落家族文化：状况与前景》，《上海社会科学院学术季刊》1991 年第 1 期。

氏迎娶的新娘多数来自邻村，以联饶镇潮刘村、高堂村、深塗村
等为最多，"媒妁"是联姻的中介。据说祖上曾经定下老规矩，
沈氏都是同一个祖先的血统，即便外省的沈姓也不可与之通婚。
新中国提倡"婚姻自由"，时势所趋，祖训不再成为同村青年男
女婚姻的羁绊，只要出了"五服"，双方可自愿婚配。沈炳友属
顶房裕德堂餚链公派，他一生生育了五个女儿，膝下无子。沈炳
友的二女婿是外村人，婚后在凤山楼村居住，其他四个女婿都是
凤山楼村人。长女雪音嫁与沈红童，为下房佑启堂公派；三女雪
凤嫁与沈焕周，为顶房明德堂公派；四女雪燕嫁与沈德林，为顶
房思成堂公派；五女舜华嫁与沈俊烈，为顶房顺德堂公派。沈炳
友四个女儿的婚嫁情况，在凤山楼村并非特别，全村 234 户家庭
中，夫妻均为凤山楼沈氏的比例超过半数，高达 54.70%，村内
通婚是普遍现象（见表 8-1）。

表 8-1　1933-1972 年出生的凤山楼村男性通婚范围

通婚范围	村内通婚	饶平县各镇村	福建省诏安县	其他省份	合计
对数	128	82	12	12	234
占比(%)	54.70	35.04	5.13	5.13	100

统计显示，234 户家庭的户主出生于 1933~1972 年，其
中，有 82 人通婚范围在饶平县域之内，占比达 35.04%；与
福建省诏安县以及与其他省份女性通婚者最少，同为 12 人，
占比分别仅为 5.13%；迎娶本村沈姓姑娘为妻的男性最多，
超过半数，计有 128 人。可见，凤山楼沈氏通婚圈以本村为最
主要，次一级的通婚圈在饶平县，通婚范围包括联饶镇春光
村、星光村、洋东村、深塗村、古笃村、赤坑村等，黄冈镇上
林村、百州村等，新圩镇冯田村、苗田村、安民村等，高堂镇
高南村以及三饶镇、浮山镇、大埕镇、海山镇等镇村，这些村
落与凤山楼沈氏自古通婚，属于凤山楼村传统通婚圈。再次一

级的通婚圈有两个，一个集中在福建省诏安县白洋镇和深桥镇的汀洋村、五屿村等，均是地处闽粤交界地带的村落，虽是跨省通婚，实则地域相近，人缘相亲，也属于凤山楼村传统通婚圈。另一个通婚圈有汕头、揭阳、揭西等潮州周边城市的村落，也有地处福建南平市的村落，更远到达广西、江西、湖南等省份。

1933～1942 年出生的男性达到适婚年龄时，适逢同姓通婚由禁止到放开，就有 11 人迎娶本村沈氏姑娘，占村内通婚总数的 8.59%。其后，又有 33 位在 1943～1952 年出生的男性选择本村沈氏女性为配偶，人数进一步增加，占村内通婚总数的 25.78%。1953～1962 年出生的男性迎娶本村女性最多，共有 50 人，占总数的 39.06%。1963～1972 年出生的男性在本村娶亲人数开始下降，占村内总通婚数的 25.78%。而 1973～1982 年出生的男性中，仅有 1 人与本村沈氏女性结婚，占村内总通婚数的 0.78%（见表 8-2）。数据的变化反映出时代发展对凤山楼沈氏婚姻生活的影响，在"婚姻自由"政策倡导下，村内同姓婚配成为婚姻的主流，高峰时有超过一半的适婚男子选择这一择偶方式，通过婚姻嫁入和嫁出的女性越来越少，村内人口流动性大为降低，趋于凝固。改革开放后，经济生活的活跃和社会飞速发展再次引导婚姻观念变化，人们的交往圈不断扩大，眼界开阔，凤山楼村青年人对于婚姻持更加开放与包容的态度，村内通婚比例快速下降（见图 8-1）。

表 8-2　凤山楼村男性村内通婚各年龄段统计

年龄段	对数	占比（%）	年龄段	对数	占比（%）
31～40	1	0.78	61～70	33	25.78
41～50	33	25.78	71～80	11	8.60
51～60	50	39.06	合计	128	100

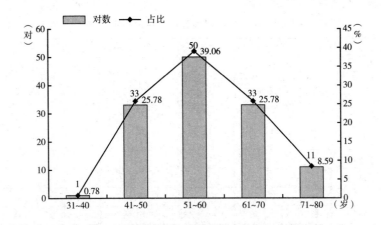

图 8 - 1 凤山楼村男性村内通婚各年龄段分布

凤山楼村 1933~1942 年出生的男性 23 人，其中 12 人延续传统通婚圈，配偶来自饶平县内各村，有 11 人与本村女性通婚，彻底打破同姓不得通婚的老规矩，村内通婚从无到有，占比激增至 47.83%。1943~1952 年出生的男性 49 人，其中 33 人在村内通婚，另有 13 人通婚圈在饶平县，有 3 人与邻省福建诏安县女性通婚，该时期出生的男性选择村内通婚的人数占到该年龄段男性的 67.35%，是历史最高峰。1953~1962 年出生的男性 85 人，其中 50 人在村内通婚，另有 26 人通婚圈在饶平县，有 5 人与福建诏安县女性通婚，并开始出现与国内其他省份女性通婚的情况，计有 4 人，该时期出生的男性选择村内通婚的人数占 58.82%。1963~1972 年出生的男性 63 人，其中 33 人在村内通婚，另有 21 人通婚圈在饶平县，有 4 人与福建诏安县女性通婚，与国内其他省份女性通婚数增加到 5 人，该时期出生的男性选择村内通婚的人数占比为 52.38%。凤山楼村在新中国成立后出现村内通婚，在 1943~1952 年出生的男性中盛行此婚配方式，并达到顶峰，此后这一现象有逐渐减少的趋势（见表 8 - 3）。

表 8 - 3　凤山楼村男性分年龄段通婚范围统计

通婚范围 年龄段	31~40 岁		41~50 岁		51~60 岁		61~70 岁		71~80 岁	
	对数	比例（%）	对数	比例（%）	对数	比例（%）	对数	比例（%）	对数	比例（%）
村内通婚	1	16.67	33	52.38	50	58.82	33	67.35	11	47.83
饶平县各镇村	5	83.33	21	33.33	26	30.59	13	26.53	12	52.17
福建省诏安县	—	—	4	6.35	5	5.88	3	6.12	—	—
全国各地	—	—	5	7.94	4	4.71	—	—	—	—
总数	6	—	63	—	85	—	49	—	23	—

　　1949 年以来的 60 多年中，凤山楼村因为通婚圈的极度收缩，村落封闭性达至历史顶点。村落因保守而稳定，因封闭而完整，在一成不变的地缘之上，经历了国家政策、政治运动、生产方式等诸多巨大变革，一贯保持强有力的稳定态势，显示了极其强大的适应性。伴随时代进步和经济发展，更多的年轻人积极向外谋求发展，通婚圈扩大到多个省份，目前这一变化仍不足以给凤山楼村发展带来实质性改变和影响，但是它的出现和今后的发展是值得关注的。

二　小家庭的老传统

　　1948 年费正清在《美国与中国》一书中写道：中国家庭是自成一体的小天地，是一个微型的邦国。社会单元是家庭而不是个人，家庭才是当地政治生活中负责的成分，村子里的中国人直到最近主要还是按家族制组织起来，村子通常由一群家庭和家族单位组成，他们世代相传，永久居住在那里，其成员靠耕种家庭所拥有的田地生活，并根据其家庭成员的资格取得社会地位①。这

---

　　①　费正清：《美国与中国》（第四版），商务印书馆，1987，第 17~20 页。

是历史的写照，今日凤山楼沈氏生活的这片土地，继承自沈氏先辈的拓荒耕耘，他们世代相传，固守其上，坚守血缘村落的完整。

古时，曾有外乡人来村里"寄居"，20 世纪 70 年代也有个别知青"入赘"本村，都在沈氏家族传统文化的"柔化"之下做出调整和妥协，村落至今保持单姓血缘村落的特质。"寄居"者是外姓，"入赘"者则一定要改姓沈，否则无法融入村落生活，被边缘化直至自行隐退。在凤山楼村，每年都有定期举办的全族性活动，如"正月十五祠堂祭祖""武德侯祖诞辰""游神巡境"等等，外姓家庭都是局外人。逢年过节，祠堂、宫庙乃至家家户户的大门之上都要悬挂灯笼，书有"沈府"字样的灯笼无处不在。凤山楼大门灯笼书："兵部尚书　合乡平安"，沈氏宗祠灯笼书："沈府　厚德堂""风调雨顺　国泰民安"，维笃祖祠灯笼书："沈府　财丁兴旺""明德堂　千子万孙"，沈氏祖祠灯笼书："思成堂　沈府""财丁兴旺　合祠平安"，鹤山祖祠灯笼书："沈府　合祠平安""佑启堂　财丁兴旺"，沈氏血缘村落，形成一个整体。无论是传统祭祀活动，还是春节喜庆的灯笼，文化上的强势让外姓人无法融入。在凤山楼村，沈氏血脉相连、守护相助、同宗相亲，外姓"寄居"者的生存空间受到强烈挤压，最后只能选择离开。

对于生活在"婚嫁不离村"的单姓血缘村落中的每个人而言，村落就是一个大家庭，所有成员共同组成了沈氏大家族。"族者何也？族者凑也，聚也，谓恩爱相流凑也。上凑高祖，下至玄孙，一家有吉，百家聚之，合而为亲，生相亲爱，死相哀痛，有会聚之道，故谓之族"①。凤山楼村婚丧习俗之中，传统婚俗礼仪基本不再沿用，婚后夫妻生子是一个家庭最为喜悦和重大的事情。男孩的降生，代表着香火延续和血脉绵延，因而孩子的父亲要在儿

---

① 《白虎通疏证》，陈立撰、吴则虞点校，中华书局，1994，第 397～398 页。

子满月当天到祠堂上香叩拜，向列祖列宗报喜，向祠堂捐"添灯"款，并请专人在祠堂备办饭菜，宴请三代以内亲友。正月里该家门口悬挂的灯笼赫然写着"沈府　添丁"，外人一眼望去，便知这家有"弄璋之喜"（见图8-2）。男孩的父亲自动获得当年"游神巡境"为神佛抬轿的资格，备受礼遇，十分荣光。

图 8-2　男孩诞生，必在房门上和祠堂悬挂"沈府新丁"的
灯笼（拍摄于沈屋村）

　　国家实行计划生育政策后，凤山楼村一子一女的四口之家和独子的三口之家逐渐增多。对于只有一个男孩的家庭来说，儿子继承父辈财产是约定俗成的规矩。在尤重香火延续的血缘村落中，依靠种姓繁衍方能维系和壮大，所以在凤山楼村，生育两个或更多儿子的家庭为多数。多子家庭中，在第一个儿子成婚之际，父辈就要进行分家。分家是家庭大事，通过分家析产给予小家庭以一定物质资助，能够助力其安家立业，同时增强大家庭的实力。分家的具体办法由父母提出，孩子们的舅舅是分家的主持

人，由他手写《分家合同书》，见证分家全过程。儿子在结婚当天从父母家搬出，夫妻组建的小家庭，与父母家分财异灶。因而凤山楼村的家庭，是由夫妻和子女两代人构建的生产和生活单位，较少出现三代或四代同居共财的大家庭。在继承父辈房屋的同时，小家庭也自力更生，适时建造新屋以传后人。建房传之子孙的观念根深蒂固，村里的民居越建越多，居住区面积不断扩大。至 2013 年，有 234 户家庭的凤山楼村，居住区占地达 9 万平方米，建有民居 600 间。

"事死如事生"的丧葬习俗是凤山楼村保存最为完好的家族文化传统之一。丧葬礼仪极为隆重，程式固定，后人要恭敬和认真地操办，否则会被全族人认为"不孝"，这种道德上的公开谴责，是谁也担不起的"罪名"。如同"添丁"习俗中，家人要在祠堂向先祖报告男孩的降生一般，在丧葬习俗中，亲属要到祠堂向先祖报告亲人的离世。公派祠堂是举办丧葬仪式的中心。祠堂已经荒废的公派，则只能在本公派祠堂附近的场埕上搭棚举办仪式。丧葬仪式包括送葬、头七、三七和百日等，在祖屋、祠堂、大宫、墓葬等处分别有繁简不一的程式。其中以送葬和头七最为隆重和悲恸。

送葬前，死者家人要专请两位本公派中擅长丧葬礼仪的族人担任"主事"，听由他们筹备安排大小事务。还要请上几位懂行的女性来祠堂，按照老一辈传下来的方法选料缝制孝服、制作种子小袋和小钱袋等。孝服是参加仪式亲友的特定穿戴，小袋用于回赠亲友，以示吉祥。还要请理发师来祠堂，为孝子孝妇理发。参加送葬的人员只能是死者五代以内的血亲，并且比死者年轻。出五服的亲友不参加送葬，但一般会在祠堂帮助料理事务。送葬时，孝子和孝妇偕同孝孙等众亲人将死者送至村口，孝妇便不再向前出村，而是返回祠堂准备白酒席的各种食物，孝子孝孙继续跟随殡仪车到火葬场，火化后即刻前去葬地进行安葬。葬地由风水先生提前选定，坟墓也由他监督建造，所请帮工每人每天二百元工钱。墓穴的形制一般约为 1 米宽 2 米长，深约 1.5 米，底部用圆心纸钱铺满，再将种子洒在纸钱上。吉时一到，风水先生宣布下葬，装有骨灰的棺木缓慢降入墓穴，孝子孝孙依次向棺木捧洒泥土石灰，意为添砖加瓦，然后由土工埋土。立好墓碑，主事就安排专人送猪肉、五果、纸钱等祭品上山祭拜。祭拜完毕，孝子捧香带领送葬队伍返村，途中遇到有桥有坎处都要叫声死者过桥过坎，这称作"回灵"。所有送葬人员不能直接进村，要在村外等待前来迎接的孝妇，她们会带上糖和茶水，在村口叫声逝者的名讳请其回家。进村后，众人径直来到死者祖屋再行祭拜，礼毕到祠堂参加白酒席，送葬仪式结束。

依照风俗，接下来的七天里，死者家人大多数时间待在家中，大家相互之间不打照面为图个吉利，直到头七日法师做功德以后，方才可以出外串门。"做功德"也称"摆道场"，是凤山楼村古老丧葬礼仪中的重要一环。"做功德"的地点就在公派祠堂门外场埕，从头七日中午开始持续整个下午，参加者为死者的近亲属（见图 8-3）。亲属与死者的关系通过身穿的孝服一目了然，身穿麻衣头戴尖尖麻帽，腰后麻绳上扎着灵杖的是孝子，身

图 8-3　道姑做法事

穿白布孝服的是死者的女儿，身穿蓝布孝服的是死者的孙媳妇，头上系白布腰间扎白布的是死者的女婿和孙婿，所有的亲属或用麻绳、或用白布、或用蓝布系在腰间和手臂上，女性头戴纠金如意和仙草。临时搭建的天棚从祠堂大门前一直延伸到场埕另一端，将整个场埕完全遮盖。法师在场埕一端安置一座佛坛，与祠堂大门遥遥相对，佛坛之上陈列佛像，放置大粿、瓜果等祭品，摆放招魂铃、木鱼等法器，供奉从大宫请出的代表着大宫所有神佛香火的"众炉"一座。在祠堂和佛坛之间，又并排摆放两张圆形桌床，香炉、大粿、猪肉、茶酒、鸡蛋、瓜果等祭品摆满桌面，向着祠堂方向供奉。众位亲属面向祠堂分列跪在佛坛与桌床之间的空地上，法师站在前方手摇招魂铃，挥动写有死者名字的招魂幡，口中念念有词，讲述死者从出生到成家，生下孝子孝女，含辛茹苦把他们养大成人，辛苦一生，到老到死的全过程，孝子孝女听闻痛哭流涕，俯身叩拜，一声声呼唤死者，场面令人动容（见图 8-4）。而后，孝子们搬来整袋整箱用纸糊的电视、煤气灶具、衣柜、冰箱、梳妆台、水桶、手机等，在场埕外空地焚烧，孝妇们则手执木棍跪在火堆旁，直到全部燃烧成灰烬才能起身。

图 8-4　死者子女面向祠堂叩拜

　　"做功德"仪式结束后，在场亲属还要将佛坛上供奉的"众炉"护送回大宫，由孝子给神佛像逐一敬香，然后再回灵到祖屋（见图8-5）。在祖屋内，死者的家人将早已准备好的装有钱、糖

图8-5 送"众炉"回大宫

果、种子的小袋子分发给到场的每一个人，以表谢意和吉利。最后来到祖屋旁的空地，再次将成箱的纸糊的衣服和金银财宝焚烧，孝妇们还要跪在火堆旁，手执小木棍俯伏叩拜（见图8-6）。凤山

图8-6 在祖屋旁焚纸

楼村的送葬和头七"做功德"等丧葬礼仪，高度程式化，家家遵守，代代相传。每一位参加丧葬仪式的亲属都根据与死者的关系，穿戴专门的孝服，承担本分的事情，大家共同制作祭品、备置斋饭等，不仅为去世的先人完成人生的最后仪礼，同时进行着家庭的整合、巩固和提高家族凝聚力。

第二节　文化习俗

在凤山楼村，女性承担日常祭祖和拜神的工作，墓祭则主要由男性完成，全族性的祠祭和墓祭特别注重让青少年参与其中并担任一定角色，或扛旗或鼓乐或抬轿或扫墓，使其成为家族文化的传承者。凤山楼沈氏坚定的祖先崇拜和朴素的泛神崇拜，是通过信仰观念的建立、神灵居所的方位选择和营造、定期礼仪活动的举办，在长期积淀和熏陶中形成的一种心理状态和宗教情感，它们牢固、持久且极富感染力，代代相承拥有广泛的信仰群体，不断强化血缘家族的认同，更加增强了面对困难与挑战的勇气和力量，有助于家族团结和凝聚。

一　武德侯祖诞辰

余构养在《演戏换番薯》一文中，描写了1944年广东汉剧永乐班，在凤山楼村演出汉剧的情景："时有'永乐'班者，在征得该村同意后，借用村民晒谷用的谷筐，在村外圈围，并搭一简陋戏台，权作临时戏园，演戏下午连宵。看戏的不分男女老少，不论村内村外，每人带一个番薯（约半斤）或白米一合（约二市两），在进'戏园'时交给守门人。下午看后离场，晚上再看重交。'戏园'门口分别放有一筐一箩，筐盛番薯，箩放白米。戏班艺人就靠演戏换来的番薯和少量的白米，杂以向村民讨来的咸菜、菜脯或蔬菜，以求得一饱，勉强度过日常生活。"① 余构养的母亲是凤山楼村人，他青少年时期常回外婆家小住，跟着舅舅在村里放牛，对凤山楼村十分熟悉。新中国成立前，凤山楼村文化生活十分单调，不论"永乐"班，还是来自海陆丰同样以客家话表演的"百日戏"班，甚至粤剧、京剧等戏班来村里表演，都大受欢迎。尽管听不懂，但演员的一招一式，身着艳丽戏服，听着热闹看着新鲜，吸引村民付费观看。这篇文章正从一个侧面反映了凤山楼沈氏对地方戏曲的喜爱，当然，他们最爱看的还是潮剧，也称潮州戏。作为用潮州话演唱的一个古老的传统地方戏曲剧种，潮剧有着广泛的群众基础，凤山楼村男女老少都能唱上几句。在举办武德侯祖诞辰活动时，村里邀请潮剧团来连唱三天大戏是传统，是村里一年之中最热闹的光景。

　　人们"一般是把祖先鬼魂当为保护子孙的善灵来崇拜的"②，对于武德侯祖的崇拜是凤山楼村宗教信仰最重要的内容之一，沈氏血缘群体皆视其为最强大的保护神和家族精神的源头。调查发现，粤东闽西沈氏聚族而居的五座血缘村落里，都供奉着这尊共同的祖先神，或供奉于祠堂，或专门为其建造庙宇。在凤山楼村，最隆重的家族文化活动就是每年农历七月二十四至二十六日举办的纪念"武德侯祖诞辰"，这项活动参与人员最多，持续时间最长，花费最大。在外务工的凤山楼沈氏，不论路途远近，都会提前安排好工作回村参加，足见其强大的号召力和感染力。沈氏纪念武德侯祖诞辰的风俗古已有之，后曾一度中断，20世纪90年代凤山楼村恢复举办，一年一度，声势浩大。

　　纪念活动以"演大戏酬神娱人"为主要内容，在凤山楼场埕以戏台为中心举办。农历七月二十五日上午的纪念仪式，由

---

① 余构养：《演戏换番薯》，转引自《新韩江闻见录（续编）》，潮州市地方志办公室编印，1999，第140页。

② 陈麟书：《宗教学原理》，四川大学出版社，1986，第89页。

村中耆老主持，择吉时将武德侯祖神像请上轿椅，从大宫抬至
凤山楼场埕，使其面向戏台，安坐在场埕西端。其他神佛均不
出宫庙，只是将代表各尊神佛香火的"众炉"请出，放置在武
德侯祖神像前，并要保证炉内香火不断。神像前供有福猪、三
牲和大粿，两侧各竖立数支高达两米的大龙香。戏台横联书：
"纪念开漳平潮功臣武德侯祖"，两副楹联分别书："武开闽域
千秋垂史册，德惠漳潮万代记情思"和"武功已遍漳全郡，德
泽长存沈一家"。沈氏以户为单位，自带桌床在武德侯祖神像
与戏台之间的空场上一字排开，200多张桌床上层层叠叠摆着
村妇们精心准备的各种祭品，一般有香一炷、烛一对、酒一杯、
三牲、大粿、水果、茶叶等等，场面壮观。继而将香烛燃起，
冥纸焚化，俯伏武德侯祖像前，追远先人。三叩九拜之后，戏
台上演潮剧，常演的剧目有《春香传》《包公会李后》《赵氏孤
儿》等。演出接近尾声时，将剧中由演员扮演的"太子"送到
武德侯祖神像前，意为祖先福佑子孙，合乡平安，贤人辈出，
村民能够过上丰衣足食的好日子，整个纪念活动在此刻达到高
潮。在纪念武德侯祖诞辰的三天时间里，剧团只在七月二十五
日武德侯祖诞辰日，也称为"正日"，表演一场"日戏"，七月
二十四、二十五、二十六日连演三晚"夜戏"。这一台台大戏
与其说是演给武德侯祖看的，毋宁说是演给村民看的。场埕上
人来人往，香火不断，曲音悠扬，人声鼎沸，成为祥和欢乐的
海洋。亲朋好友谈谈家常，叙叙故旧，家家户户沉浸在欢乐的
气氛之中。

二　游神巡境

在凤山楼村，还有一个热闹欢腾的家族性文化活动，即每年
正月十五的"游神巡境"。凤山楼村庙宇不少，神佛满天，村落
流行的泛神崇拜，正是"万物有灵"观念下的直接产物。各路

神仙安坐庙宇，守护田土，各管一摊事务，非常契合村民的生产生活，满足多样化的精神需求。在凤山楼村，"有求必应"的众神佛被恭敬地供奉在神的居所——宫庙，成为人与神交流沟通的孔道和祭拜的平台，形成村落信仰中心。凤山楼村庙宇多，品类丰，规格不一，形态多样，既有堂皇的屋宇，也有低矮简易的祭台，有的位于溪流之畔，有的处在道路一旁，有的置于大树脚下，它们在塑造村落形态的同时，也制约着村落形态的发展。村内庙宇均建于清代，其后大多历经兴与废，最终复建。庙宇选址于当时村落居住区边缘，甚至分布在村北山坡，这样的安排布局，和神灵所蕴涵的意义高度关联，以利其发挥最强大的护佑功能。

大宫始建在居住区西部边缘，当时从西门进村即是大宫，历史上曾在原址两度复建。现在大宫周边面貌今非昔比，村门已废，西侧开辟了居住区。从宫庙整体布局看，村落礼制建筑，发轫于大宫，以大宫为起点往东向着南北渐次展布。不能僭越的原因，应是出于对大宫供奉的武德侯祖至高无上地位的尊崇和敬畏。天后宫多建造在海边和江、河、湖水的交通要道上，凤山楼村天后宫自然也不例外。联饶溪多发洪水，凤山楼村又曾因水流在村前迂回而水患频仍，于是选择在居住区南部边缘，面向着溪流建造天后宫，以利妈祖降伏洪魔，村落免遭水患危害，同时也求得村民在联饶溪乘船交通往返波平浪静，一帆风顺。土地神的出现源于农业社会人们对土地的崇拜和依赖。土地是农业村落的物质基础，是村民赖以生存和发展的重要保障，开垦、播种、耕耘，日复一日，春种、夏长、秋收、冬藏，年复一年，无不希望土地神庇护。凤山楼村前有农田，后有山林，中间是居住区，各路土地公职责明确，各管一方。开山圣侯又称山神，处在村落北部边缘，保佑林丰草茂，牲畜兴旺；大枫脚土地公处在村落西北部山坡上，掌管田野丰收；贮埕土地公现在位于居住区中部，清代这里正是居住区的北部边缘，它执掌合境平安、人丁兴旺。各座神佛在村民生活中的地位和功能有别，在村落空间位置和布局上亦是各有特点。神灵所护佑的范围限定了村落的空间界线，并对村落的形态产生一定影响。

每月逢初一和十五，村妇们不仅要到祠堂祭拜祖先神位，也要到各座庙宇上香敬神，在诸神杂处的大宫，祭拜的方式有两种：一种是遍祭，即所有神佛拜到，先拜居于正中的武德侯祖，再从左至右，从后排往前排向着神佛一位一位进行叩拜。另一种是专门祭拜，想求什么就拜相应的神佛。村民虔诚恭敬地烧香拜神，以解脱心中暂时的苦闷和烦忧，倾诉内心的某种渴求和希望，企望神佛保佑，满足求子、祛病、平安等各种各样的心愿和诉求。古往今来，村民们需要什么，有求于什么，就增祀相应的神佛于宫庙。武德侯祖是大宫的主祀神祇，经过不断增祀，土地公和土地妈、伽蓝爷、五谷祖、三山国王、三通王爷夫人、慈悲娘娘、圣仁爷以及关帝君等诸位神灵，围绕着武德侯祖，济济一堂，各得其所，共享香火叩拜。天后宫供奉的妈祖、孔庙中供奉的孔子，还有分置四野各司其职的土地公，都是在村落漫长的发展过程中，为满足村民求神拜佛的心理需要逐步增建，形成今日凤山楼村"神佛满天"的宗教空间。时光流转，各路神佛承载着村民越来越多的想象和期望，蕴涵着越来越复杂或多重的寓意，并且丰富和安宁着村民的内心世界。

凤山楼村举办"游神巡境"的传统源自清代，也称为"迎老爷"或"营老爷"，除"文化大革命"期间一度中断，改革开放后又恢复举办，是贯穿农历十二月至正月的文化盛事。农历十二月二十四日是送神回天庭的日子，一大早，村中耆老们要用新毛巾沾以红花仙草水，给诸位神佛一一拂去一年尘埃。午后，村妇们提着篮饭子来祭拜并为诸位神佛送行，祈祷神佛在天庭各显神通，多讲好话，来年护佑全村水土平安，村民安居乐业，五谷丰登。正月初四是迎神回村的日子，晚上，村里统一备办两头福猪、三牲、大粿等祭品，在大宫恭迎众位神佛回村，村妇们又来大宫迎神祭拜，直到午夜方才返家。正月十三日要迎神出宫，请大宫、天后宫、孔庙的诸位神佛各自乘轿，至沈氏宗祠安坐，这里将是第二天"游神巡境"的出发点。为众位神佛抬轿子的"轿夫"，绝大多数从本村青壮年中抽签产生，被抽中者喜上眉梢，认为来年有了好兆头。在上一年添丁的男性，则自动成为"轿夫"，而且不能推辞。正月十四日晚七点半，随着三声地炮响起，锣鼓齐鸣，"游神巡境"正式开始。每一乘轿子都由四位"轿夫"共同抬举，从沈氏宗祠鱼贯而出，沿着约定俗成的游神路线，按照寨内→寨围→凤山楼场埕→寨畔→鹤山祖祠（站路）→水美祖祠（站路）→维笃祖祠（站路）→沈氏祖祠（站路）→学校西面转后头一巷往西→凤山楼场埕的顺序行进，一直持续到凌晨。

"游神巡境"时，少年儿童扮演的"小兵"手拿刀枪剑戟，在队列最前方开道（见图8-7），少男少女或手执平安旗，或敲锣打鼓，在"小兵"之后为神佛护驾（见图8-8）。

图 8-7　手拿刀枪剑戟的小兵

图 8 - 8　青少年锣鼓班

　　听到鼓乐声越来越近，家家户户把早已挂在大门前的鞭炮点燃，户主手执点燃的香告，向着巡视到家门前的各位神佛鞠躬致谢，再把香告插进轿子上的香炉里（见图 8 - 9、图 8 - 10）。

图 8 - 9　轿夫抬轿出游

图 8 – 10 门前敬香

"游神巡境"中有多次"站路",指的是请众位神佛到各座祠堂内"稍坐片刻",与祠堂供奉的祖先神位,共同接受公派后裔的瞻仰和祭拜。"游神巡境"开始前,每座祠堂外的场埕,就早早地被公派各家各户带来的桌床占满。桌床上三牲、水果、茶酒、糕点花样繁多,家中日用的香炉也要带来,并要保证炉中香烛长明,真是"合乡欢乐陈神床,焚香缥缈酬祖恩"(见图 8 – 11)。

图 8 – 11 鹤山祖祠场埕摆满的供桌

　　村妇们站在桌床边静静等候，待到众位神佛乘轿进入祠堂，面向祠堂大门落座于祖先神位前，便争先恐后涌向祠堂。从祠堂大门外两侧的香供开始敬香，跨入大门匍匐叩拜，起身行至神佛前再逐位敬拜，最后来到祖先神位敬香祭拜。顿时，祠堂香烟弥漫，室内景物影影绰绰，人与神与祖先在一个如同幻境般的空间里相逢，亦真亦假，如梦如幻（见图8-12）。

图 8-12　鹤山祖祠内敬神拜祖

　　正月十五日晚进行第二次"游神巡境"，巡境路线中增加后头二巷、后头三巷和后头四巷。正月十六日上午进行第三次"游神巡境"，先巡视居住区，福佑各家各户家人平安、家运兴旺，再巡视村头田地和果园，护佑合境平安、风调雨顺、农业丰收（见图 8-13、图 8-14）。正月十六日晚恭送诸神回宫，"游神巡境"活动结束。

图 8 - 13　沈氏祖祠前地炮腾空而起（沈楚和拍摄）

图 8 - 14　巡游田地和果园（沈楚和拍摄）

第三节　教育教化

凤山楼村是一所大学校。村民世代秉持"耕读传家"的理念，各个历史时期采取不同办学方式培育子弟，崇文重教的传统一以贯之。古往今来，办学地点随村落发展而迁移，不仅把祠堂作为校舍，更将宫庙、大队办公用房等村落重要且精良的建筑物作为校舍，为沈氏子弟创造良好的学习环境。在特定历史时期，凤山楼村还曾一度改变农业村落的功能，全村改办为学校，无条件无保留地支持教育事业发展。凤山楼村处处可见文墨点染的楹联，宣扬着家风、家训、家史。

凤山楼村有两个文化中心，分别代表着传统文化和现代文化。传统文化中心一直位于村西凤山楼场埕，由沈氏宗祠、大宫、戏台等共同构成，是举办"武德侯祖诞辰"和"游神巡境"的主要地点。展现现代文化生活的新文化中心位于村东村委办公楼场埕，这里播放露天电影，办公楼内有图书阅览室，场埕设有健身器材、乒乓球桌等，利用率很高。凤山楼村古今形成的两个文化中心，一西一东，一个承载着久远的过去与深厚的传统，一个代表着现代的生活方式和未来的景象。凤山楼沈氏与这两个中心难舍难分，不离不弃。

一　从书斋到万人小学

清代，凤山楼村面向家族子弟的教育由各房开办，全村办有两所"书斋"，办学经费从公派"公田"收入中支出。顶房书斋称"三房书斋"，建于今沈氏祖祠处，是顶房顺德堂、明德堂、思成堂三房子弟读书处。下房书斋开办在鹤山祖祠内。两房分别延请先生授课，既有本村富有学识之士担任，也聘请富有名望的文人来村执教。民国时期，学童教育不再分公派进行，全村只开办一所学校，办学地点设在凤山楼内沈氏宗祠。正是在顶房和下房合并办学后，顶房才决定将三房书斋拆除，原地兴建沈氏祖祠。民国时期，"公田"收入不再负担教育支出，学童以稻谷缴纳学费，每年付给先生三担稻谷（每担 150 市斤）。端午节前先生回家，部分学生家长还以米、油、豆等农副产品相赠。

新中国成立初期，学生人数增加，沈氏宗祠容纳不了所有子弟同时就读，又将大宫西侧的戏馆辟为教室，村内开设一至三年级共 3 个教学班，四年级以上的学生分流到下饶小学和潮刘小学就读。从这时起，凤山楼村开始有一小部分女童进入全日制学校学习，大约占学校总学生数的 30%。尽管入学率总体提高，但还有一部分学龄儿童因家庭缺乏劳动力，要帮助父母做些力所能及的家务，有的要带弟妹，有的要捡拾柴火和放牛，不能上学读书。村里又专为他们开办识字班，利用中午和晚上父母干农活后空闲的时间，为这部分孩童上课，当时称为"午读班""夜校"。不论是全日制学校还是识字班，教师均由凤山楼村具备一定文化程度的村民担任，村里按照"记工分"的方式支付薪酬。

"一九五八年，县在凤山楼乡开办'万人小学'。全乡搬到春光、星光村居住，四个月后返回凤山楼乡居住。"① 1958 年底至 1959 年初，整座凤山楼村被改作饶平县"万人小学"，饶平县凤江公社下辖联饶镇、黄冈镇、浉洲镇三年级及以上年级的学生和教职员工，集中到凤山楼村开展教学与集体生活。村内民居作为师生宿舍，祠堂和宫庙作为教室，一座村子成为一所学校。选择凤山楼村作为"万人小学"，据说是出于村落环境优美，村前可设大操场，教学生活都较为便利的考虑。1958 年底搬迁通知下达，凤山楼村一人不留，每人携带简单衣被和随身用品，搬往北边邻村春光村和星光村。四个多月离乡背井，沈氏分散居住

---

① 《凤山楼沈氏族谱乡志》，第 81 页。

在邻村村民家中，帮助耕种寄居家庭农田，口粮则由政府每月定量供给。1959年春全体迁回时，凤山楼村土地已经抛荒，祠堂宫庙的装饰多有损坏，屋内家什也有丢失。此后，凤山楼村又恢复面向本村子弟办学，仍在大宫和戏馆开办一至三年级。1966~1967年，改为只开设一至二年级，办学地点迁移到水美祖祠，校名为联山学校凤光分校。本村三年级以上的学生在联山学校（今星光村内）就读。1968~1969年，联山学校凤光分校改名为凤光小学，分别在维笃祖祠和水美祖祠开办两个教学点，小学学制由6年制改为5年制。1970年，凤光小学开设一至五年级共五个班，学校设在沈氏宗祠。1971~1972年，学校增加天后宫为教学地点。1973~1983年，凤光大队办公楼（现大宫位置）的一部分作为学校校舍（见图8-15）。1984年凤山楼村筹资6万元，在村东新建两排简易平房作为校舍，更名为"凤山小学"。1996年再次筹资60万元扩建校舍，拆除前排平房，建造一栋"凸"字形的三层楼房，并将学校围墙向南延长30米，1997年竣工投用。扩建后的凤山小学占地2076平方米，建筑面积980平方米，学校有6个年级以及幼儿园，2013年有学生130多人，11名教职工均由联饶镇教育部门选派。

凤山楼村学校教育自清代举办，不论世事维艰，还是兴衰际遇，

图8-15 1982年凤光小学教师在建于大宫原址上的办公楼前合影（沈再顺提供）

始终未曾中断。重视学校教育，鼓励子弟读书进取，风尚古今皆同。"为了鼓励青少年学习，乡实行奖学金制度。凡考上中专每人奖500元，考上大专以上每人奖1000元，有力地激发青少年的进取心。同时还开展各种有益身心健康的文娱活动，逢

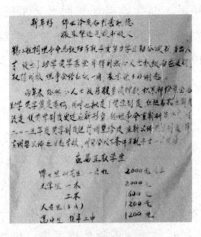

图 8 - 16　鹤山祖祠理事会设立奖学金公告

年过节，进行游神赛会，活跃全乡文化生活，不断地提高青少年的政治文化水平。"① 新中国成立至 2009 年，凤山楼村有 29 人考上大专，有 9 人考上本科，有 3 人考上研究生②。在凤山楼村，不仅有村一级的奖学金，公派也设立助学金和奖学金，崇文重教氛围浓厚（见图 8 - 16）。

敬告

尊敬众房亲，新年好！

绵世泽莫如行善积德，振家声还是读书做人。

鹤山祖祠理事会为鼓励房亲子女努力学习，勤奋读书，多出人才，设立了助学奖学基金，并得到热心人士积极响应支持，取得成效。理事会借红纸一角，表示深深的谢意。

两年来，经热心人士及房亲多次赠款积累部分资金，为助学奖学奠定基础，同时也拟定了奖学制度。但随着招生制度改变，使奖学制度更适应新形势，经理事会重新研究决

---

① 《凤山楼沈氏族谱乡志》，第78页。
② 《凤山楼沈氏族谱乡志》，第83页。

定，对二○一五年度奖学制度进行调整修改，重新公布奖学
制度，并于调整公布之日起生效，对符合以下条件房亲子女
一次性奖励。

　　应届正取学生，博士生、研究生一次性 2000 元以上；
大学生一本 2000 元，二本 1600 元；大专生 1200 元；高中
生饶平二中 1200 元，饶平侨中 1000 元；初中生（三年级）
学生，考总分分数全级第一名 200 元。

鹤山祖祠理事会
2017 年正月宣

二　作为文化中心的村落中心

　　鹤山祖祠理事会的这则《敬告》既宣扬了"读书继世长"
的文明风尚，寄托着对公派子弟的殷殷期望，也是凤山楼沈氏优
良家风在年轻一代的传承。《敬告》起首一句"绵世泽莫如行善
积德，振家声还是读书做人"，正是水美祖祠内张贴的一副楹
联。凤山楼村每逢新春佳节之际，都要在祠堂、宫庙等处张贴楹
联，宣扬家风，激励后昆勠力同心建设美好生活。一年一度写楹
联，一联一对传家风。沈炳友为村内祠堂、宫庙、学校、办公楼
写了多年楹联，他在 2011 年春将题写的楹联整理成册，编为
《沈氏凤山楼乡宫庙祠堂村址学校对联集》。部分楹联古已有之，
部分根据村落发展新近创作，它们既是凤山楼沈氏家史家风家训
的生动载体，也是今日村落文明新风的集中展示，更是时代风貌
的有力宣言。

　　凤山楼楹联书："丹诏家风远，吴兴世泽长""挹南峰山明
水秀，倚北极人杰地灵""迎新春家家春安夏泰，庆佳节户户秋
吉冬祥""凤攀丹桂文章焕发风流辈出兴伟业，山植珍果科技普
及楷模蔚起展宏图"。

大宫楹联书："武开闽域千秋垂史册，德惠漳潮万代记情思""吴兴毓秀肇基远，武德流芳世泽长""武功遗烈传千古，德教谕章颂万年""香烟禄出平安字，烛蕊炼成富贵花"。

天后宫楹联书："圣德英灵显千古，配天慈雨沐万民""水德配天海国慈航并济，母仪称后桑榆俎豆重光"。

孔庙楹联书："兴国咸休安富尊荣公府第，同天并老文章道德圣人家""至圣著论语培育桃李遍天下，先师授后贤蔚起英才满乾坤"。

沈氏宗祠楹联书："池塘碧波耀祖宇，屏峰耸翠蔚人文""思先容想先德形神如在，成祭仪陈祭器俎豆常新""光前振起家声远，裕后遗留世泽长"。

维笃祖祠楹联书："宗宗代代总贞乃盛，子子孙孙明德惟馨""祖善有余千载业，宗功长裕四时新""明训承先家风远，德辉彼后世泽长""左为昭右为穆彬彬皆有前礼，春日祭秋日祀济济门内衣冠"。

沈氏祖祠楹联书："子孙虽愚经书不可不读，祖宗虽远祭祀不可不诚""千秋福祉功归先祖，万代荣昌泽惠后昆""先祖德泽溯源永祀，后昆恩滋昭穆其昌""厚土培兰桂根深枝繁千秋茂，德地番苗裔源远流长万代昌"。

鹤山祖祠楹联书："木本水源思孝永，左昭右穆追远承""佑者开基创业须念祖德宗功，启者发祥衍庆毋忘祭祀礼仪""堂倚后山生翠色，门朝前岭见春光"。

水美祖祠楹联书："绵世泽莫如积德，振家声还须读书""仁孝齐家本，德仪传世纲""水绕凤楼添吉庆，美承祖德启祯祥""水源长流绵世泽，美德发扬振家声""继往开来瓜瓞绵绵番百代，承先启后苗裔济济衍千秋"。

村委会办公楼楹联书："凤楼龙舞传喜讯，山村莺鸣报佳音"。

凤山小学楹联书：“笔墨惊天地，桃里映春晖”。

文化室楹联书：“文涵山海春秋笔，化育鱼龙天地情”。

张贴楹联是凤山楼村独立建筑的祠堂和宫庙的共同特点。除水美祖祠外，其他独立建筑的祠堂和宫庙还有一个共同点，就是门前辟有场埕，面积最大的场埕在凤山楼前，可以视为沈氏宗祠向凤山楼外的延伸，并与大宫场埕相连为一体。“游神巡境”“武德侯祖诞辰”等，都是以这块场埕作为主要场地。场埕作为祠堂、庙宇重要的组成部分，保证了祠堂、宫庙功能更好地发挥。我们完全可以根据场埕面积的大小划分村落中心，具有最大面积的场埕处，是凤山楼村的一级中心，它包括沈氏宗祠、大宫、戏台等；具有第二大面积的场埕处，是凤山楼村的二级中心，即村落东边村委会办公楼及场埕；其他具有一定面积的场埕处，是凤山楼村的三级中心，有鹤山祖祠及场埕、维笃祖祠及场埕、沈氏祖祠及场埕等。

在凤山楼村，文化中心就是村落中心。由沈氏宗祠、大宫、戏台、场埕所构成的村落一级中心，是凤山楼村传统意义上的文化中心，历史悠久、积淀深厚。一年一度举全村之力举办的“游神巡境”“武德侯祖诞辰”两项活动，对增进沈氏后裔的家族认同、凝聚人心影响深远，家族传统文化现在仍是凤山楼村最强势的文化。由村委会办公楼场埕、凤山小学共同组成，在20世纪90年代初步形成的新中心，既是凤山楼村的行政中心，也是具有时代感的文化中心。饶平县文化馆电影放映队定期来凤山楼村免费放电影，坐在办公楼前场埕观看露天电影，成为村民经常性的文化娱乐活动。2017年，办公楼场埕以南的土场埕翻新为水泥场埕后，新增了多种健身器械以及乒乓球台等，青少年三五相约打球比赛，老人家带着孙儿孙女在此玩耍，喜笑颜开。1993年建成的村民委员会办公楼以东，相距不足百米处，就是凤山小学，学校以围墙合围校舍，自成一体。校内国旗高扬，书

声琅琅，给古老的凤山楼村注入青春的希望和充沛的活力。这片
文化中心至今仍在完善和强化其功能，通过电影放映、体育健
身、学校教育等形式，传播现代科学文化知识和健康生活方式。
目前而言，村落东部新中心的功能有限，还没有形成代替传统文
化中心的强大的文化吸引力和感召力。随着现代信息技术的发展
和生活方式的多样化，人们对于外部世界的探寻更加便捷和开
阔，两个中心都面临着不小的时代挑战。

参考文献

一　史志族谱

〔1〕《史记》，中华书局，1999。

〔2〕《隋书》，中华书局，1996。

〔3〕王士性：《广绎志》，中华书局，1981。

〔4〕《白虎通疏证》，陈立撰，吴则虞点校，中华书局，1994。

〔5〕刘抃纂修《（清）饶平县志》，潮州市地方志办公室编印，2001。

〔6〕《中国地方志集成·广东府县志辑 27·（光绪）饶平县志》，上海书店出版社，2000。

〔7〕《中国地方志集成·福建府县志辑 31·（康熙）诏安县志》，上海书店出版社，2000。

〔8〕《中国地方志集成·福建府县志辑 31·（民国）诏安县志》，上海书店出版社，2000。

〔9〕（明）罗青霄修纂《漳州府志·兵防志》，厦门大学出版社，2010。

〔10〕饶平县地方志编纂委员会：《饶平县志》，广东人民出版社，1994。

〔11〕福建省诏安县地方志编纂委员会：《诏安县志》，方志出版

社，1999。

〔12〕饶平县水利电力局编《饶平县水利志》，1996。

〔13〕饶平县沈氏凤山楼乡族谱乡志编纂委员会编《广东省饶平县凤山楼沈氏族谱乡志》，2009。

〔14〕《沈氏族谱》，诏安县太平镇科下村藏。

〔15〕《沈氏宗谱》，饶平县新丰镇沈屋村藏。

二 著作类

〔1〕阿·德芒戎：《人文地理学问题》，葛以德译，商务印书馆，2004。

〔2〕从翰香编《近代冀鲁豫乡村》，中国社会科学出版社，1995。

〔3〕陈麟书：《宗教学原理》，四川大学出版社，1986。

〔4〕陈礼颂：《一九四九前潮州宗族村落社区的研究》，上海古籍出版社，1995。

〔5〕陈志华、楼庆西、李秋香：《石桥村》，河北教育出版社，2002。

〔6〕陈志华、贺从容、罗德胤、李秋香：《福建民居》，清华大学出版社，2010。

〔7〕陈支平：《五百年来福建的家族与社会》，扬智文化事业股份有限公司，2004。

〔8〕杜赞奇：《文化、权力与国家：1900～1942 年的华北农村》，江苏人民出版社，1996。

〔9〕冯尔康：《中国宗族制度与谱牒编纂》，天津古籍出版社，2011。

〔10〕冯尔康：《中国古代的宗族与祠堂》，商务印书馆国际有限公司，1996。

〔11〕福建博物院编《福建北部古村落调查报告》，科学出版社，

2006。

〔12〕费孝通:《江村经济——中国农民的生活》,商务印书馆,2004。

〔13〕戈登·威利:《聚落与历史重建——秘鲁维鲁河谷的史前聚落形态》,谢银玲、曹小燕、黄家豪、李雅淳译,陈淳审校,上海古籍出版社,2018。

〔14〕黄汉民:《福建土楼》,汉声杂志社,1994。

〔15〕湖南省文物考古研究所编《濂溪故里——考古学与人类学视野中的古村落》,科学出版社,2011。

〔16〕侯仁之:《历史地理学的理论与实践》,上海人民出版社,1979。

〔17〕黄淑娉:《广东族群与区域文化研究》,广东高等教育出版社,1999。

〔18〕黄挺、陈占山:《潮汕史》,广东人民出版社,2001。

〔19〕黄挺编《饶宗颐潮汕地方史论集》,汕头大学出版社,1996。

〔20〕黄宗岳、杨耀林:《客家围屋》,华南理工大学出版社,2006。

〔21〕胡振洲:《聚落地理学》,三民书局,1977。

〔22〕黄宗智:《长江三角洲小农家庭与乡村发展》,中华书局,2000。

〔23〕金其铭:《中国农村聚落地理》,江苏科学技术出版社,1989。

〔24〕揭阳考古队、揭阳市文化广电新闻出版局编《揭阳考古》,科学出版社,2005。

〔25〕刘敦桢:《中国住宅概说》,百花文艺出版社,2004。

〔26〕林惠祥:《文化人类学》,商务印书馆,1991。

〔27〕林伦伦:《地名学与潮汕地名》,艺苑出版社,2001。

〔28〕林美容：《乡土史与村庄史——人类学者看地方》，台原出版社，2000。

〔29〕刘沛林：《古村落：和谐的人聚空间》，上海三联书店，1997。

〔30〕陆琦：《广东民居》，中国建筑工业出版社，2008。

〔31〕吕思勉：《中国制度史》，上海教育出版社，1985。

〔32〕刘晓春：《仪式与象征的秩序：一个客家村落的历史、权利与记忆》，商务印书馆，2003。

〔33〕罗香林：《客家研究导论》，上海文艺出版社，1992。

〔34〕陆元鼎、魏彦钧：《广东民居》，中国建筑工业出版社，1990。

〔35〕尼古拉斯·戴维、卡罗·克拉莫：《民族考古学实践》，郭立新、姚崇新译，岳麓书社，2009。

〔36〕容观瓊、乔晓勤：《民族考古学初论》，广西民族出版社，1992。

〔37〕司徒尚纪：《岭南历史人文地理：广府、客家、福佬民系比较研究》，中山大学出版社，2001。

〔38〕司徒尚纪：《广东文化地理》，广东人民出版社，1993。

〔39〕谭其骧：《长水集》，人民出版社，1987。

〔40〕吴春明、佟珊编《武夷山崖上聚落》，厦门大学出版社，2012。

〔41〕王鲁民、乔迅翔：《营造的智慧——深圳大鹏半岛滨海传统村落研究》，东南大学出版社，2008。

〔42〕王铭铭：《村落视野中的文化与权力》，生活·读书·新知三联书店，1997。

〔43〕吴培晖：《金门澎湖聚落》，稻田出版有限公司，1999。

〔44〕王昀：《传统聚落结构中的空间概念（第二版）》，中国建筑工业出版社，2016。

〔45〕吴正芳：《徽州传统村落社会——白洋源》，复旦大学出版社，2011。

〔46〕许永杰：《中国考古学理论与方法十讲》，科学出版社，2018。

〔47〕许永杰：《七星河——三江平原古代遗址调查与勘测报告》，科学出版社，2010。

〔48〕杨懋春：《一个中国村庄——山东台头》，江苏人民出版社，2001。

〔49〕严文明：《走向21世纪的考古学》，三秦出版社，1997。

〔50〕余英：《中国东南系建筑区系类型研究》，中国建筑工业出版社，2001。

〔51〕周大鸣：《当代华南的宗族与社会》，黑龙江人民出版社，2003。

〔52〕张光直：《考古学专题六讲》，生活·读书·新知三联书店，2010。

〔53〕政协广东省委员会办公厅、广东省政协学习和文史资料委员会：《广东近代要塞》，2007。

〔54〕周雪香：《明清闽粤边客家地区的社会经济变迁》，福建人民出版社，2007。

〔55〕庄英章：《林圯埔：一个台湾市镇的社会经济发展史》，上海人民出版社，2000。

〔56〕郑振满、陈春声：《民间信仰与社会空间》，福建人民出版社，2003。

〔57〕郑振满：《明清福建家族组织与社会变迁》，中国人民大学出版社，2009。

〔58〕张忠培：《中国考古学——走进历史真实之道》，科学出版社，2004。

三 论文类

〔1〕布莱恩·R. 贝尔曼：《美洲聚落形态研究的过去、现在和未来》，贾伟明译，《华夏考古》2005 年第 1 期。

〔2〕陈春生、肖文评：《聚落形态与社会转型：明清之际韩江流域地方动乱之历史影响》，《史学月刊》2011 年第 2 期。

〔3〕陈春声：《地域社会史研究中的族群问题——以"潮州人"与"客家人"的分界为例》，《汕头大学学报》2007 年第 2 期。

〔4〕陈玛玲：《Saqacengalj 聚落形态与形貌：一个旧社的考古学研究》，《考古人类学刊》2005 年第 63 期。

〔5〕冯尔康：《清代宗族祖坟述略》，《安徽史学》2009 年第 1 期。

〔6〕高登·R. 威利：《维鲁河谷课题与聚落考古》，贾伟明译，《华夏考古》2004 年第 1 期。

〔7〕郭立新：《屈家岭文化的聚落形态与社会结构分析——以淅川黄楝树遗址为例》，《中原文物》2004 年第 6 期。

〔8〕何翠萍：《关于海南美孚黎居住空间建构及其文化逻辑》，《民族研究》2017 年第 5 期。

〔9〕黄忠怀：《20 世纪中国村落研究综述》，《华东师范大学学报》2005 年第 37 卷第 2 期。

〔10〕科大卫、刘志伟：《宗族与地方社会的国家认同——明清华南地区宗族发展的意识形态基础》，《历史研究》2000 年第 3 期。

〔11〕李红、胡彬彬：《中国村落研究的三种范式——基于相关文献的初步反思》，《光明日报》2016 年 10 月 19 日，第 14 版。

〔12〕赖瑛、杨星星：《珠三角广客民系祠堂建筑特色比较分析》，《中华建筑》2008 年第 8 期。

〔13〕毛泽东：《湖南农民运动考察报告》，载《毛泽东选集》，人民出版社，1968 年。

〔14〕市政协妇女青年委员会：《饶平县农村妇女、青年科技文化教育工作考察报告》，《汕头政协》1990 年第 3 期。

〔15〕王沪宁：《中国的村落家族文化：状况与前景》，《上海社会科学院学术季刊》1991 年第 1 期。

〔16〕汪宁生：《中国考古发现中的"大房子"》，《考古学报》1983 年第 3 期。

〔17〕吴榕青：《试论粤东闽语区的形成》，《韩山师范学院学报》2005 年第 1 期。

〔18〕许永杰：《聚落考古在中国——历程·现状·问题》，《华夏考古》2009 年第 4 期。

〔19〕许永杰：《黑龙江七星河流域汉魏遗址群聚落考古计划》，《考古》2000 年第 11 期。

〔20〕许永杰：《民族考古学是什么》，《四川文物》2005 年第 2 期。

〔21〕余构养：《演戏换番薯》，转引自《新韩江闻见录（续编)》，潮州市地方志办公室编印，1999。

〔22〕严文明：《近年聚落考古的进展》，《考古与文物》1997 年第 2 期。

〔23〕严文明：《关于聚落考古的方法问题》，《中原文物》2010 年第 2 期。

〔24〕严文明：《从姜寨早期村落布局探讨其居民的社会组织结构》，载《仰韶文化研究》，文物出版社，1989。

〔25〕余英、陆元鼎：《东南传统聚落研究——人类聚落学的架构》，《华中建筑》1996 年第 4 期。

〔26〕张光直：《考古学中的聚落形态》，《华夏考古》2002 年第 1 期。

〔27〕张忠培：《聚落考古初论》，《中原文物》1999 年 1 期。

后 记

　　2012 年，我慕名报考中山大学许永杰教授的硕士研究生。承蒙老师不弃，收为门下弟子。甫一入学，老师即嘱专心研究聚落考古学，又推荐我参加"粤东黄冈河流域考古学与人类学调查与研究计划"。一来锻炼我的田野调查能力，二来寄希望于我能够在调查中增加对村落的认识和理解，有所收获。

　　2013 年 3 月 13 日，我第一次踏入凤山楼村。当我和调查队成员李淑蕊乘车抵达凤山楼村的界碑处时，地势骤然开阔。远处青山峻朗，身畔山风鼓荡、花海烂漫、溪水妩媚、鹅鸭悠游，村落秀美静逸，如在画中。走进村落，形制极简的夯土古民居、整齐划一的现代民居，简朴实用；完好的独立祠堂建筑、残破地夹杂在民居之中的小祠堂，彰显着单姓血缘村落的独特魅力；凤山楼里升起的袅袅炊烟、水井边三五成群的浣衣村妇，洋溢着浓郁的生活气息；大宫、孔庙和天后宫里供奉的各路神灵，恍若梦境。我被凤山楼村村落之完整、建筑之简单、构成之多样深深打动。村落之完整，可进行历时性的细致考察；建筑之简单，能够凸显村落最本质之内核；构成之多样，更蕴涵丰富之文化内涵。座谈中，我又得到散发着墨香的《凤山楼沈氏族谱乡志》，书中谱系源流记述详尽。闻讯而来的老人理事会成员熟知村中掌故，对我所关心的诸多问题一一作答。遂使我心花怒放，决定对凤山楼村做全面深入的个案研究。

2013 年 3 月 17 日，我在黄冈镇调查队驻地草就《饶平县联饶镇凤山楼村调查纪略》并电邮导师，汇报在凤山楼村调查所得及点滴思考。未顷，接到导师来电，肯定研究计划，鼓励再接再厉，扎实推进研究。一年中五度入村，在时任凤山楼村村委书记沈锦龙的大力支持下，村里给予我莫大便利。从寒风凛冽到夏日炎炎，从秋高气爽到春暖花开，我走遍凤山楼村每个角落，拍照、测量、绘图、访谈……幸而，有乡亲端来柴火饭饱肚、红薯汤驱寒、绿豆水消暑、大西瓜解渴，情深谊长，铭感于心！在为期近四个月的黄冈河流域调查中，有幸从郑君雷教授、郭立新教授，深入学习田野调查特别是人类学调查的基本方法。论文写作阶段，广东省文物考古研究所副所长、研究馆员卜工不吝赐教、热诚点拨。导师许永杰教授罔顾舟车劳顿，亲赴凤山楼村，斧正笔者拙作，其求实严谨、近乎严厉的治学态度令人钦佩不已。

两年的求学生涯短暂难留，如金子一般宝贵。在飞速流转的时间中，在家庭、学校、单位不停旋转的空间里，我如饥似渴地学习，急就章式地完成了《饶平凤山楼村聚落形态研究》，并在开题、预答辩、毕业答辩的各个阶段，得到中山大学郑君雷、刘文锁、姚崇新、李宁利、朱铁权、谭玉华、熊寰，广东省文物考古研究所刘成基，南越王宫博物馆全洪，广州市文物考古研究院张强禄等诸位老师的指导与点拨，获得有益的启示。进入预答辩阶段，导师又对我提出学位论文日后要力争出版的目标，更加促使我努力交出一篇有质量的学位论文，夯实学术根基。作为学位论文的《饶平凤山楼村聚落形态研究》是我的第一篇考古学论文，是我踏上考古学术之途的起点，《凤山楼——聚落考古学视角中的粤东古村落》是在学位论文基础上充实和强化完成的论著。

从学位论文到此书成稿，历时四年。四年中，家人给了我最有力的支持，我的丈夫喻向东、儿子喻德昊和女儿喻妍，陪伴我完成了对于凤山楼村的田野调查。2013 年 7～8 月间，我们一家三口组队，利用暑期先后两度前往凤山楼村，全面铺开各项调查。甫一入村即着手测绘、拍照与绘图，首要的是绘制村落总平面图。我肩背双肩包，脖挂单反机，手拿记录本，操作全站仪，拍照与记录，儿子拿着皮尺，屋前屋后帮助我测量，丈夫则以其大学时代学习工业制图的功底，同步绘图。晚间在宾馆写日记、分类照片、核对并誊清草图等等，辛苦更加幸福。大部分的村里人以为我们仨既是一家人，也是师生关系，称呼我的丈夫为"喻教授"，叫我"小吴"。看着喻德昊的身高，猜测和询问我的年龄，令人忍俊不禁。2014 年 6 月，我从中山大学毕业，获得历史学硕士学位，次年 2 月诞下女儿喻妍。他的爸爸为她取此名，意指她的小生命孕育在我读研期间，是对我们共同度过的这段岁月的纪念。休完产假，我开始了对于珠海古镇和古村的调查与研究，先后发表了《乘十九大东风加快建设好唐家湾国家级历史文化名镇》《珠海斗门汉坑村牌坊考》，完成了对汉坑吴氏于珠海、中山两地衍出血缘村落和散居村落的田野调查。尽管没有懈怠，但每隔一段时间，我还是会在微信上收到导师发来的与聚落形态研究相关的学术文章，他以这种方式不断地暗示和提示我，还有目标未达成。2018 年 6 月起，我有了一段较为宽松的时光，这是生活对于我的馈赠和厚爱。我要把时光紧紧握在手中，让它倍增光彩。我知道一旦松懈，不知何时才能完成既定目标，也可能就此荒废，一无所成。再出发，仍求索。在原有调查资料中整理出尚未利用的有价值的材料，并列出补充调查计划后，我们一家四口又一次东进。这一次，丈夫带着幼女徜徉黄冈河两岸，等待大学录取通知书的儿子则和我在凤山楼村、科下村、坪路村、赤坑村完成了全部调查计划，他还在我的指导下，认真完成了第八章"家族文化传统与聚落形态"第一节"婚姻家庭"中通婚情况的数据统计与制图（表），我进行了核校。其后近一个月我夜以继日地写作，儿子负责每天送妹妹上学，下午接回家后管理她的吃喝拉撒，耐心细致，有模有样，令在惠州工作的爸爸十分放心。我则躲在书房，每天晚上八点方才"下班"，获得了充裕的时间。儿子不抱怨，只是时不时问我："你什么时候写完？"每每我问女儿："晚上睡得好吗？做梦了吗？梦见谁了？"她呢喃软语地答道："梦见妈妈在搞稿子。"是啊，她总是看着灯下我的背影入睡。家人的爱和默默支持，是我有勇气有毅力完成此书的原动力和支撑力。

此刻，我最怀念我的父亲吴新德。父亲是安徽枞阳县城关镇人，1949年10月1日出生，1998年7月30日因公殉职。父亲是家中长子，新字辈，下有4个弟弟。1964年，我的爷爷吴振根去世，奶奶杨贤珍以在枞阳县服务公司的微薄工资，独自抚养5个儿子。1968年父亲参军入伍，1973年在中国人民解放军四四五一部队加入中国共产党，同年光荣退伍，进入安庆石油化工总厂工作。父亲爱读书，我儿时经常跟着他去四德堂的新华书店购书，对1984年版《古文观止全译》父亲爱不释手，名篇名句信手拈来；1979年版《辞海》还是父亲托同事购买的"紧俏物资"，捧回家后拿挂历纸包了书皮；又坚持订阅价格不菲的期刊，《世界知识画报》是我见识大千世界的启蒙读物。但凡新书，父亲都会在书内封页和封底细致地盖上私章，爱护有加，我将这些书一直收藏和使用。在人才济济拥有万名员工的特大型石化企业，父亲凭借努力逐步成长为一名政工和专业干部，任炼油厂供水车间党支部书记、主任。我12岁时，单位根据父亲职务为家中安装了电话，那时的我就觉得，是父亲认真工作、总是读书才使我获得了很好的生活条件。在我的记忆里，我对两个盐水瓶、一个纸盒子、两块厚棉毯的印象很深很深，那是父亲在冬夜学习日语时，母亲为他准备的保暖用具。父亲认为管设备和工艺需要掌握一定的理论知识，而自己不是院校出身，欠缺一定知识储备，于是他通过三年学习，取得了大专学历。在 40 岁那一年，经过自学通过职称日语考试，父亲又实现作为一名业务干部要具备一定专业技术职称的目标。这对于 15 岁辍学的父亲而言是满足和骄傲的，其间的辛苦与不易、光荣与梦想，在我 36 岁报考研究生时方才体会一二。之所以选考日语，正是父亲热爱学习、勇于求索对我的影响和激励；之所以能够在不到 7 个月的时间里，从日语零基础到一举通过，是因为我把追随其志和对父亲深深的思念化为强大动力。1998 年夏，父亲没有留下只言片语离我们远去，真是"子欲养而亲不待"啊，作为独女我还没有来得及坐下听父亲给我讲讲人生经历，还没有和父亲请教工作学习，他还没有看到我嫁人生子，我就再也听不到父亲唤我的乳名，再也不能与他牵手而行。父亲一定对我还有期待还有要求，他身体力行，言传身教就是对我最好的终身教育，无声胜有声，考研、读研、写作、出版，这一切的努力和成果，我多想你看见。

我知道你看见了，向我微笑，一如从前。

我珍藏着父亲的照片、军装上的肩章、日语学习笔记、刊登有父亲文章的书刊等，保存旧物就是保存我对于父亲的记忆，知道自己从何而来，不忘来时的路，汲取精神与智慧、勇气和力量，创造崭新的未来。我想，个人如此，族群、国家亦如此。

村落是人类栖居之所，它穿越昨天的风，托着今天的云，牵着明天的希望。生活在血缘村落的凤山楼沈氏，不仅有属于每个人的独特记忆，更有村落共同的记忆和情感。它们在村落的祠堂、庙宇、学校、小桥等物质遗存中得以安放，在祠祭墓祭、"游神巡境""武德侯祖诞辰"等传统文化中得以传承，生生不息。凤山楼村新旧两片居住区无缝衔接，相得益彰，彰显家族传统文化在凝心聚力、统和规划上的强大能力，也充分显现了凤山楼沈氏以保存清代民国居住址为首要，并不断开拓新居住址来满足村民日益增长的对于美好生活的需要，审慎利用改造环境的营建理念。凤山楼村在"文化大革命"期间没有出现较大波动，大部分乡土建筑完好保存及今，功能依旧，实属难能可贵，体现出凤山楼沈氏对于家族文化的高度认同和执着守护。整个村落展现出风貌完好、传统延续、古村新颜、和谐共生的美好人居图景，它是中国传统村落的典范，是不可多得的文化遗产。然而，令人遗憾的是，时至今日，凤山楼村的古建筑没有一座被列为文物保护单位，村落寂寂无闻，无人问津，犹如"桃花源"般遗世孑立。2018 年夏重返凤山楼村前，我设想过村落可能发生的很多变化，但是我更加希望什么都没有发生，还是那个原汁原味的凤山楼村。但是，当垮塌的老屋和新建的楼房映入眼帘时，我的内心充满了不安和隐痛，也对 2013 年所做的全面记录感到一丝庆幸。作为凤山楼村最具典型的古民居，凤山楼局部坍塌面积不断扩大，实为危楼，严重影响村民生命安全，楼内居住人口持续减少，现已不足 30 人，若不尽快加以修缮和实施保护，凤山楼岌岌可危。作为历史风貌完好的南部居住区，田塅一巷 5 号钢筋混凝土结构的三层楼房竖立在村口，阳光下不锈钢防盗网发出刺眼的光芒，乡土建筑本真的色彩与构图遭到破坏，南部居住区的拆旧建新还在不断发生，若不尽快确立保护规划，历史风貌必将荡然无存。鉴于此，建议当地文物行政和管理部门，尽快将凤山楼村具有一定历史、艺术、科学价值的古建筑列入文物保护名录，并加快申报中国传统村落，实施整体保护。只有保护与传承好文化遗产，才能留得住乡愁，只有通过发展惠及民生，方能引发人们自觉和强烈的保护意识。我们需要精心呵护好凤山楼村这样难能可贵的文化遗产，其村落营造理念、规划保护策略、家族文化传统等，渗透和蕴涵着古人的智慧和希冀，其山野田畴、屋宇祠庙依然是今人耕耘的田园和守望的家园，凝结汗水寄托希望。今天，我们应当拿出切实可行的举措，让穿越300多年烟云的凤山楼村在发展与保护的和谐统一中，实现乡风更加文明，村民更加富裕，环境更加优美，让这片希望的田野，生机勃发，古今生辉，成为"乡村振兴战略"的成功示范，维系和分享共同的记忆与情感。

但愿本书的出版，能够引起相关部门对于凤山楼村保护与发展的重视和关注，能够为凤山楼村以及黄冈河流域乃至广东地区的古村落保护尽绵薄之力，能够助力"乡村振兴战略"的实施，这是当代文博工作者的文化使命和历史责任。

我要衷心感谢重视本书出版的珠海市社会科学界联合会，是领导班子成员的远见卓识和宏大学术视野，成就了本书出版，身为珠海基层文博工作者的我感到欣慰、温暖和幸运。

我特别要感谢沈炳友、沈其亲、沈金福、沈锦龙、沈庆云、沈瑞发、沈少明、沈传发、沈传顺、沈放义、沈再顺等凤山楼村乡亲，没有他们竭尽所能的支持、无微不至的关心，向我介绍许多重要的情况，完成本书是困难的。

我感谢黄冈河调查队成员陈德好、曹耀文、许晓静、陈林琳、谭骏业、李淑蕊、张耀等，我们共同努力，完成了联合调查任务。

我感谢饶平县博物馆邱显红、刘小兵两任馆长及全体同仁，我们交流观摩了浮滨文化的丰富馆藏，对我的调查提供了热情帮助和支持。

我感谢为此书的出版做出贡献的我的同学程慧萍、刘长、王海娜、刘业沣、纪巍巍、刘骥、马明，我的友人杨长征、唐越、安继承、杨建军、刘惠、姚靖雯、王树梁、陆晓东等。

我要感谢社会科学文献出版社皮书出版分社副社长陈颖女士

的启发和鼓励，为本书的编辑和出版付出了辛劳。

　　囿于个人的阅历和知识结构，本书无论体系还是内容，尚存在诸多不足，期待方家批评指正！

　　　　　　　　二零一九年中秋夜于珠海唐家湾

图书在版编目（CIP）数据

凤山楼：聚落考古学视角中的粤东古村落／吴敏著
. －－北京：社会科学文献出版社，2019.12
（珠海社科学者文库）
ISBN 978 - 7 - 5201 - 5696 - 7

Ⅰ. ①凤…　Ⅱ. ①吴…　Ⅲ. ①村落－聚落地理－研究
－广东　Ⅳ. ①K926.6

中国版本图书馆 CIP 数据核字（2019）第 216515 号

珠海社科学者文库

凤山楼
——聚落考古学视角中的粤东古村落

著　　者／吴　敏

出 版 人／谢寿光
组稿编辑／陈晴钰
责任编辑／陈　颖
文稿编辑／陈　颖　王　展

出　　版／社会科学文献出版社·皮书出版分社（010）59367127
　　　　　地址：北京市北三环中路甲29号院华龙大厦　邮编：100029
　　　　　网址：www.ssap.com.cn
发　　行／市场营销中心（010）59367081　59367083
印　　装／三河市尚艺印装有限公司

规　　格／开本：787mm × 1092mm　1/16
　　　　　印 张：19.25　插 页：1　字 数：236千字
版　　次／2019 年 12 月第 1 版　2019 年 12 月第 1 次印刷
书　　号／ISBN 978 - 7 - 5201 - 5696 - 7
定　　价／88.00 元

本书如有印装质量问题，请与读者服务中心（010 - 59367028）联系